PREPARACIÓN FÍSICA EN FÚTBOL
DESDE UNA APROXIMACIÓN CIENTÍFICA

PERIODIZACIÓN | SITUACIONES DE JUEGO REDUCIDO

Escrito por
Dr. Adam Owen

(Coautor: Dr. Alexandre Dellal)

Publicado por

PREPARACIÓN FÍSICA EN FÚTBOL
DESDE UNA APROXIMACIÓN CIENTÍFICA

PERIODIZACIÓN | SITUACIONES DE JUEGO REDUCIDO

Primera Edición Agosto 2016 Editado por SoccerTutor.com
Publicado en Español en Enero 2019 por SoccerTutor.com
Info@soccertutor.com | www.SoccerTutor.com

UK: 0208 1234 007 | **US:** (305) 767 4443 | **ROTW:** +44 208 1234 007

ISBN: 978-1-910491-25-6

Copyright: SoccerTutor.com Limited © 2019. Todos los derechos reservados.

Todos los derechos reservados. Ninguna parte de esta publicación puede ser reproducida, almacenada en un sistema de recuperación, o transmitida en cualquier forma o por cualquier medio, electrónico, mecánico, fotocopia, grabación o de otro tipo, sin el permiso previo por escrito del propietario de los derechos de autor. Tampoco puede circular en ninguna otra forma de encuadernación o cobertura que no sea aquella en la que se publica y sin que se imponga una condición similar, incluida esta condición, a un comprador posterior.

Autor: Dr. Adam Owen

Coautor: Dr. Alexandre Dellal

Editado por: Alex Fitzgerald - SoccerTutor.com

Traducido por: Manuel López Segovia

Diseño de Portada
Alex Macrides, Think Out Of The Box Ltd.
Correo electrónico: design@thinkootb.com Tel: +44 (0) 208 144 3550

Diseño de Infografías
Yann Le Meur; @YLMSportScience
(Imágenes de las infografías proporcionadas por Presenter Media, USA)

Fotografía
Willie Vass Photography, Glasgow y Propaganda Photography, Liverpool

Gráficos
Gráficos diseñados por SoccerTutor.com mediante el empleo del Software Tactics Manager disponible para su descarga en www.SoccerTutor.com

Nota: Si bien se han realizado todos los esfuerzos para asegurar una elevada precisión técnica en los contenidos de este libro, ni el editor ni los autores pueden aceptar ninguna responsabilidad por las lesiones o perjuicios producidos como resultado del uso de este material.

CONTENIDOS

SOBRE EL AUTOR 5
COAUTOR 7
TRADUCIDO POR MANUEL LÓPEZ SEGOVIA 8
COMENTARIOS SOBRE EL AUTOR 9
GLOSARIO DE TÉRMINOS 11
INTRODUCCIÓN 12

CAPÍTULO 1: ENTRENAMIENTO Y FÚTBOL 14

Tendencias Entre los Indicadores Clave de Rendimiento y la Posición en Liga......................17

1. PERIODIZACIÓN EN EL FÚTBOL DE ÉLITE 18
Tapering para Competir 21
Periodización del Entrenamiento y Gestión de la Fatiga en Fútbol..22
Ciclos de Entrenamiento 23
Paradigmas de la Periodización en el sXXI: ¿Evidencia o Tradición?.....................................28

2. DIFERENCIAS ENTRE JUGAR 1 O 2 PARTIDOS SEMANALES 30
Preparación Física en Periodos de Alta Densidad Competitiva 32
Efectos de la Alta Densidad Competitiva 35
Alta Densidad Competitiva: Rendimiento Físico y Táctico 36

3. LA PREPARACIÓN FÍSICA EN EL FÚTBOL ACTUAL 37
Pretemporada 39
Interferencia Entre Fuerza y Resistencia: El Rol de las Variables de Entrenamiento..............42
¿Cómo de Importante es Empezar Bien la Temporada?...43
Entrenamiento en Periodo Competitivo...44
Mitad de Temporada 47
Efectos del Entrenamiento Interválico Corto Durante la Temporada Competitiva en el Rendimiento Físico y la Fatiga en Jugadores Jóvenes de Alto Nivel 49
Periodo de Descanso..50

4. ENTRENAMIENTO ESPECÍFICO EN EL FÚTBOL DE ÉLITE ACTUAL 51
Ejercicio Intermitente 52
Métodos de Entrenamiento 54
Cambios de Dirección (Changes of Direction, COD)...55
Efectos de un Volumen Bajo de Entrenamiento Interválico de Esprint en el Desarrollo y Mantenimiento del Rendimiento Aeróbico del Futbolista 57
Velocidad, Capacidad de Repetir Esprints (Repeated Sprint Ability, RSA) y Agilidad............58
Capacidad de Repetir Esprints: Recomendaciones de Entrenamiento 64
Situaciones de Juego Reducido..65
Resumen del Capítulo...69

CAPÍTULO 2: SITUACIONES DE JUEGO REDUCIDO..74

1. DEMANDAS FÍSICAS Y FISIOLÓGICAS DE LAS SITUACIONES DE JUEGO REDUCIDO ...76
Respuesta Fisiológica y Perfil de Actividad de las Situaciones de Juego Reducido (SSG) 78

Comparación Entre Partido y las Situaciones de Juego Reducido. 79
Desarrollo Físico en las Situaciones de Juego Reducido. 82

2. VARIABLES QUE AFECTAN A LA INTENSIDAD DE LAS SITUACIONES DE JUEGO REDUCIDO 90
Efecto de las Dimensiones del Campo 91
Número de Jugadores. 95
Combinación de Dimensiones de Campo y Número de Jugadores 97
Cambios en las Reglas de Juego 98
Fisiología de las Situaciones de Juego Reducido en el Entrenamiento 105

3. PERIODIZACIÓN DE LAS SITUACIONES DE JUEGO REDUCIDO 106

4. EVALUACIÓN DE LA CARGA DE TRABAJO EN LAS SITUACIONES DE JUEGO REDUCIDO 108

5. LIMITACIONES DE LAS SITUACIONES DE JUEGO REDUCIDO 111
Resumen del Capítulo. 114

CAPÍTULO 3: SITUACIONES DE JUEGO REDUCIDO (EJERCICIOS DE ENTRENAMIENTO) 117
Formato Empleado. 118
Leyenda 118
Ejercicio de Posesión con Porteros para Atravesar Líneas 119
Juego de Posesión Direccional con 3 Equipos 4vs4 (+4). 120
Juego con el Centrocampista en un Ejercicio de Posesión Direccional 5vs5 (3vs3) 121
Juego de Posesión con Tercer Hombre en un 7vs7 con Zonas de Finalización. 122
Juego Dinámico de Posesión con Porteros 123
Duelos Continuos a Alta Intensidad 3vs3. 125
Presión a Alta Intensidad con Finalizaciones Rápidas en un 4vs4 de Ataque vs Defensa 126
Rápida Circulación de Balón 7vs7 con Cuatro Porterías en Espacio Pequeño. 127
Juego de Posesión con Presión y Rápida Circulación de Balón en un 8vs8 con Porteros 128
Juego de Posesión 6 (+2)vs6 (+2) con Cambios Rápidos de Posición 129
Juego Reducido 6vs7 con Mini Porterías y Puertas con Conos. 130

CAPÍTULO 4: JUEGOS DE TRANSICIÓN. 131
Juego de Transición con 3 Equipos. 132
Posesión con Presión Intensa en un Juego de Transición. 133
Mantener Posesión en Espacio Grande / Presionar en Espacio Pequeño en un 8vs8. 134
Posesión Tricolor 8vs4. 135
Presionar en Inferioridad 6vs6(+6) para Ganar Rápidamente la Posesión tras Pérdida 136
Ejercicio de Presión Intensa (2vs4) en un Juego de Transición con 3 Equipos 137
Posesión con Cambio de Espacio en un Juego de Transición con 2 Zonas 138
Juego de Posesión con Transiciones Rápidas y Finalización 7vs7 139
Juego de Posesión 8(+4)vs8 con 4 zonas 140
Finalización con Transiciones Rápidas en una Situación de Juego Reducido con 3 Equipos. 141
Juego de Posesión y Presión 3vs3(+2). 142
Ejercicio para Jugar por Dentro con Posiciones Específicas y 4 Porterías 143
Ejercicio de Alta Intensidad en un Juego Continuo de Posesión 3vs3. 144
Ejercicio de Resistencia Aeróbica de Alta Intensidad en una Situación de Juego Reducido 5vs5 145
Ejercicio de Resistencia Aeróbica en un Juego de Transición 6vs6 146

BIBLIOGRAFÍA 148

SOBRE EL AUTOR

Dr. Adam Owen

@adamowen1980

www.aoperformance.co.uk

Credenciales:

- Licencia de Entrenador de Fútbol UEFA Pro (Federación de Fútbol de Gales [FAW], Cardiff)
- Doctor (PhD) en Ciencias del Ejercicio y el Deporte (Universidad Claude Bernard, Universidad de Lyon 1, Francia)
- Master en Investigación en Ciencias del Ejercicio y el Deporte (Universidad Glyndwr, Wrexham, Gales, UK)
- Graduado en Ciencias del Ejercicio y el Deporte (Universidad Glyndwr, Wrexham, Gales, UK)

Experiencia Profesional como Técnico:

- Director del Área de Rendimiento en el Hebei China Fortune FC, Beijing, China (desde Junio del 2018 hasta la actualidad)
  Encargado de crear y desarrollar un optimizado sistema de entrenamiento, estando implicado en todos los aspectos técnico-tácticos del equipo para crear una metodología de trabajo que maximice el rendimiento del equipo y del jugador individualmente.
- Preparador Físico y Científico del Deporte de la Selección Nacional de Gales (Agosto 2009 - Mayo 2018)
  Ha formado parte de la dirección del equipo en el periodo más exitoso de la Selección, consiguiendo la mejor posición en el Ranking FIFA (8º), llegando a ser Semifinalistas de la Eurocopa de 2016 y Finalistas en la Copa China de 2018.
- Entrenador del Lechia Gdansk S.A. Gdansk, Polonia (Junio 2017 - Marzo 2018)
- Consultor Investigador en el SL Benfica, Portugal
- Entrenador Asistente y Director del Área de Rendimiento en el Servette FC, Suiza
- Investigador Asociado en la Universidad Claude Bernard Lyon 1, Francia
- Investigador y Profesor Visitante del Instituto Tecnológico de Educación Superior de Hong Kong (THEi)
- Jefe del Área de Preparación Física y Rendimiento del Sheffield United FC, Inglaterra
- Jefe del Área de Rendimiento y Ciencias Aplicadas del Rangers FC, Escocia
- Preparador Físico del Sheffield Wednesday FC, Inglaterra
- Jefe de Ciencias Aplicadas en la Academia del Celtic FC, Escocia
- Entrenador y Preparador Físico en la Academia del Wrexham FC, Gales

Información Adicional:

A lo largo de su carrera, Adam Owen ha desarrollado una inigualable combinación de experiencia práctica como entrenador (posee la Licencia UEFA Pro de Entrenador de Fútbol), junto con el desarrollo de un destacado y activo perfil investigador, obteniendo un doctorado en el campo de las Ciencias del Deporte por la Universidad Claude Bernard, Lyon 1. Además, es un entrenador-formador muy activo, y está de manera continua inmerso en numerosos proyectos de investigación relacionados con el fútbol.

Experimentado en múltiples facetas futbolísticas (a su experiencia como técnico en distintos roles y niveles hay que añadir su experiencia como jugador), Adam ha sido capaz de combinar conocimiento práctico y científico, pensamientos e ideas extraídas de su práctica diaria, en diferentes niveles y áreas del fútbol conformando una filosofía de trabajo expuesta en este libro.

La carrera de Adam ha sido una continua progresión desde el fútbol formativo, hasta la élite profesional de la competición de clubes (ha participado en la Europa League y UEFA Champions League), y selecciones nacionales (Campeonato de Europa y Fase de Clasificación del Mundial de Fútbol).

Adam ha sido capaz de utilizar su experiencia profesional para desarrollar un método de entrenamiento justificable mediante la evidencia científica, para mejorar el rendimiento individual y grupal del futbolista de élite. La integración de todos los aspectos técnicos claves, la evidencia científica aplicada al entrenamiento en fútbol, y la implicación del personal médico en el proceso, son aspectos que aseguran los mejores resultados en la constante evolución de la industria futbolística.

Con 27 años Adam formó parte del cuerpo técnico del Rangers FC, llegando a disputar una final europea, y con el que implementó un exitoso departamento de *"football science"* que ha permanecido en el club durante numerosos años.

En el verano de 2014, Adam aceptó la oportunidad de cambiar de club marchando al cinturón central de Europa, buscando nuevos retos y experiencias mientras continuaba con su trabajo con la Selección Nacional de Gales. Adam continúa revisando, escribiendo y publicando artículos en revistas científicas y capítulos de libros, compaginando esta labor con su puesto de Investigador Asociado en la Universidad Claude Bernard Lyon 1 en Francia, y con las labores de consultor en el SL Benfica de Portugal.

COAUTOR

Dr. Alexandre Dellal

Credenciales:

- Licencia de Entrenador de Fútbol UEFA 'A' (Federación Francesa de Fútbol [F.F.F], Clairefontaine, Francia)
- Doctor (Ph.D) en Ciencias del Deporte (Universidad de Estrasburgo, Francia)
- Diploma de Estudios Avanzados (Universidad de Nancy-Estrasburgo 2, Francia)
- Master en Preparación Física (Universidad de Estrasburgo, Francia)

Experiencia Profesional como Técnico:

- Jefe de Preparación Física, OGC Nice, Francia
- Investigador del Centro Médico de Excelencia FIFA, Centre Orthopédique Santy, Lyon, Francia
- Preparador Físico Jefe, Olympique Lyonnais, Francia
- Preparador Físico de la Selección Nacional de Costa de Marfil, África
- Jefe de Rehabilitación Deportiva, Cryonic Medical, Francia
- Preparador Físico, Al Ittihad, Jeddah, Arabia Saudí

A lo largo de todo el contenido del libro, el Dr. Dellal ha contribuido significativamente en varios capítulos gracias a su amplio conocimiento científico y a su capacidad de aplicar este conocimiento a la práctica diaria del entrenamiento, ayudando en la transición ciencia-práctica que persigue este libro.

Alexandre Dellal es uno de los investigadores más considerados en el mundo futbolístico y en la actualidad es el Director del Área de Preparación Física del equipo de fútbol OGC Niza que compite en la Ligue 1 francesa. Además, es Investigador en el Centro Ortopédico Santy de Lyon en Francia (Centro Médico FIFA de Excelencia), posee la Licencia "A" de Entrenador de Fútbol, y es Doctor en Ciencias del Deporte y el Entrenamiento por la Universidad Lyon 1 de Francia, donde continúa realizando labores como Investigador Asociado.

Con anterioridad a su trabajo actual, Alexandre ha sido el Preparador Físico principal en el Olympique de Lyon, puesto que también ha desempeñado a nivel internacional con la Selección Nacional de Costa de Marfil de fútbol, en un periodo exitoso en la Copa de África de Naciones.

Como investigador activo en las ciencias aplicadas al fútbol y el deporte, ha publicado numerosos artículos científicos y libros, y está continuamente involucrado en proyectos de investigación.

TRADUCIDO POR MANUEL LÓPEZ SEGOVIA

Manuel López Segovia

- Manuel López Segovia es Dr. en Ciencias del Deporte (UPO, Sevilla), Master en Alto Rendimiento (CSD) y Licenciado en Ciencias de la Actividad Física y el Deporte (INEF, Madrid).

- Como investigador ha centrado sus trabajos en las ventajas del entrenamiento de fuerza para la mejora del rendimiento condicional del jugador de fútbol, teniendo publicados diferentes artículos (JCR) sobre esta temática.

- En los últimos años ha desempeñado tanto la labor de preparador físico como la de segundo entrenador en diferentes equipos profesionales de fútbol (Hércules CF, FC Cartagena, FC Jumilla, Chabab Rif Al Hoceima), junto con la docencia en distintas áreas en la Escuela de Entrenadores de la Región de Murcia.

- Además posee la Licencia de Entrenador de Fútbol UEFA A, posibilitándole en su desempeño profesional la necesaria unión teoría -práctica que posibilita los mejores resultados.

Otros Agradecimientos e Investigadores Colaboradores

Shane Malone (La Carga de Entrenamiento y su Monitorización): Instituto de Investigación RISES de la Universidad Liverpool John Moores, Liverpool, Reino Unido.

Dr. Mehdi Rouissi (Prevención de Lesiones): Centro Nacional de Medicina y Ciencias del Deporte, Túnez, Túnez.

Prof. Karim Chamari (Prevención de Lesiones y Fisiología): Investigador Científico, Aspetar, Qatar.

Prof. Del P. Wong (Fisiología): Centro de Investigación en Ciencias del Deporte, Universidad de Shandong, China.

Willie Vass Fotografía | Glasgow | Reino Unido
Propaganda Fotografía | Liverpool | Reino Unido
Yann Le Meur Infografías | @YLMSportScience | Mónaco | Francia

COMENTARIOS SOBRE EL AUTOR

Gareth Bale
Futbolista del Real Madrid C.F. y la Selección Nacional de Gales

"Adam es alguien en quien siempre he confiado y de quien valoro su opinión y consejo. Permanecemos en constante comunicación entre los partidos internacionales y tenemos una excelente relación personal y profesional.

Haber trabajado tanto tiempo en la élite internacional demuestra su valía profesional. Es un profesional de cuyo trabajo me he beneficiado y con el que disfrutaría trabajando en el día a día."

Javier Mascherano
Futbolista del Hebei China Fortune (anteriormente FC Barcelona y Argentina)

"Conoci a Adam en China, y desde el primer día iniciamos una gran relación tanto profesional como personal.

Es un gran profesional que transmite una gran pasión por este deporte.

Le estoy agradecido por el tiempo que llevamos trabajando juntos, ya que ha sido de gran ayuda en todo este tiempo tanto a nivel profesional como personal.

Espero que podamos seguir trabajando juntos mucho tiempo más."

Aaron Ramsey
Futbolista del Arsenal Football Club y la Selección Nacional de Gales

"Tras conocer y trabajar con Adam durante muchos años a nivel internacional, considero que es alguien con quien disfruto trabajando y que ha sido capaz de mejorar diferentes áreas de mi juego, debido a su metodología de trabajo y conocimientos. Espero trabajar con él a lo largo de los próximos años."

Steven Davis
Futbolista del Southampton Football Club y Capitán de la Selección Nacional de Irlanda del Norte

"Adam y yo trabajamos juntos muchos años en una en una parte significativa y exitosa de mi carrera. El amplio conocimiento en su área, y la filosofía que él implementó en el club a partir de la aplicación científica en la búsqueda del rendimiento, fue excelente. Como resultado, me condujo hacia una mejor versión de mí como profesional."

Prof. Karim Chamari
Investigador Científico en Aspetar, Qatar

"Los contenidos presentes en este libro son de gran interés para investigadores y entrenadores que estén interesados en incrementar sus conocimientos desde ambas perspectivas. Tras haber colaborado en numerosos proyectos de investigación y publicaciones, Adam posee un impresionante perfil práctico, además de haber desarrollado una sólida línea de investigación en ciencias del deporte y el entrenamiento. Estos aspectos destacan en el libro mostrando la relación directa que puede unir ambas áreas."

Prof. Del P. Wong
Centro de Investigación en Ciencias del Deporte, Universidad del Deporte de Shandong, China

"He colaborado con Adam durante casi 10 años en numerosos proyectos científicos (principalmente centrados en el fútbol), y una de sus fortalezas es la habilidad para vincular la ciencia de vanguardia con el entrenamiento en campo, estimulando un proceso de pensamiento diferente que destaca a lo largo de este libro. Tener Licencia UEFA Pro y ser Dr. es una combinación que le hace único en nuestro campo, mostrando en este libro el vínculo entre ciencia y la estructuración del entrenamiento en campo."

GLOSARIO DE TÉRMINOS

- **Adenosín Trifosfato (ATP):** Molécula que se encuentra en cada célula almacenada para ser empleada suministrando energía.

- **Aeróbico:** Ejercicio realizado para mejorar la absorción, el transporte, y el uso de oxígeno. Ejercicio efectuado mediante la aportación predominante de energía aeróbica.

- **Capacidad Aeróbica:** Cantidad de energía que el metabolismo aeróbico puede llegar a suministrar en un esfuerzo.

- **Anaeróbico:** Ejercicio en el que la energía se obtiene predominantemente sin el empleo de oxígeno.

- **Capacidad anaeróbica:** Cantidad de energía que el metabolismo anaeróbico puede llegar a suministrar en un esfuerzo.

- **Metabolismo aeróbico:** Creación de energía en la mitocondria por medio del empleo de oxígeno. Los únicos subproductos resultantes son el dióxido de carbono y el agua, que son eliminados por la respiración y el sudor respectivamente.

- **Concentración de Lactato Sanguíneo (La):** Resultado de la producción de ácido láctico en la célula muscular resultante de la glucólisis, al no ser capaz el organismo de suministrar el oxígeno necesario para hacer frente a los requerimientos energéticos de la acción muscular.

- **Flujo Cardiaco (Q):** Cantidad de sangre que el corazón eyecta hacia el sistema circulatorio por unidad de tiempo.

- **Ritmos Circadianos:** Actividad rítmica que experimenta el organismo en un ciclo de 24 horas.

- **COD:** Cambio de dirección, a partir del inglés *Change of Direction*.

- **Fosfocreatina (PCr):** Componente orgánico que se almacena en la musculatura esquelética, determinante en la elevada producción energética por unidad de tiempo propia de las acciones intensas.

- **Depleción de Glucógeno:** Acción que implica la degradación de las moléculas de carbohidratos, almacenadas en hígado y músculo en forma de glucógeno, para la obtención de energía.

- **Variaciones Hormonales:** Cambios en sustancias producidas por células especializadas, que afectan a la actividad fisiológica del organismo.

- **FCmax:** Máximo número de latidos que el corazón es capaz de realizar por minuto.

- **Umbral de Lactato (LT, *Lactate Threshold*):** Esfuerzo o intensidad en el que el deportista comienza a acumular lactato por encima de los valores de reposo.

- **Análisis del Movimiento:** Detallado desglose y análisis del movimiento del jugador.

- **Metabolismo Oxidativo:** Procesos químicos que emplean el oxígeno para obtener energía.

- **Cinética del Consumo de Oxígeno:** Mecanismos responsables de la respuesta adaptativa del Consumo de Oxígeno a las demandas del ejercicio.

- **Consumo de Oxígeno:** Oxígeno consumido por el organismo durante la realización de cualquier actividad.

- **Capacidad de Repetir Esprints (RSA, *Repeated Sprint Ability*):** Capacidad del deportista de realizar esprints de corta duración (< 10 segundos) entre breves periodos de recuperación (< 60 segundos).

- **Percepción Subjetiva del Esfuerzo (RPE, *Rate of Perceived Exertion*):** Valor individual y subjetivo de la intensidad del ejercicio proporcionado por el deportista, tras completar el esfuerzo propuesto.

- **Economía de Carrera (RE, *Running Economy*):** Demanda energética necesaria para hacer frente a una intensidad de esfuerzo determinada.

- **Volumen Sistólico (SV, *Stroke Volume*):** Volumen sanguíneo eyectado por el ventrículo izquierdo en cada latido.

- **DTR:** Distancia total recorrida.

- **VO2max:** Máxima cantidad de oxígeno que el organismo puede utilizar durante el ejercicio para la obtención de energía. Es empleado como indicador del rendimiento aeróbico del deportista.

- **Perfil de Rendimiento:** Perfil de trabajo individual realizado desde un punto de vista físico y técnico.

INTRODUCCIÓN

¿Tienes la otra parte de esta serie de libros?

¿Tienes la otra parte de esta serie de libros?
Entrenamiento Condicional | Velocidad y Agilidad | Prevención de Lesiones

El fútbol está considerado uno de los deportes más populares en el mundo y es jugado por hombres, mujeres y niños, en entornos competitivos o lúdicos a lo largo de cada continente. El "deporte bello", como muchos lo llaman, forma parte de una industria multimillonaria con grandes intereses comerciales y públicos que continúa evolucionando. Ha sido documentado que el fútbol depende de numerosos factores técnicos, tácticos, psicológicos, físicos y fisiológicos (StØlen et al., 2005; Owen et al., 2012; Nedelec et al., 2014). También ha sido documentado que una de las razones por las que el fútbol es tan conocido, es debido a que los jugadores no necesitan poseer unos niveles extraordinarios en cada uno de los factores destacados anteriormente, pero sí unos niveles razonables en todos ellos (StØlen et al., 2005; Ingebrigsten et al., 2012).

Tradicionalmente, el entrenamiento del jugador de fútbol se ha centrado en el desarrollo de su capacidad técnica y táctica en detrimento de su condición física. Sin embargo, en los últimos años se ha visto un avance hacia el uso de sesiones que integran estos factores determinantes del rendimiento, con la intención de maximizar el tiempo de trabajo en el que el jugador está en contacto con los responsables de las áreas técnicas, físicas y médicas. Basándonos en estudios recientes realizados con metodologías que cada vez arrojan datos más fiables, podemos generalizar y aceptar que de media, *un jugador profesional de fútbol recorre una distancia de 9-12 km durante un partido* (Di Salvo et al., 2006; Barros et al., 2007; Dellal et al., 2011). Este libro analizará las características de esos desplazamientos (por ejemplo la intensidad a la que se recorren esos metros) en partidos de diferentes niveles competitivos, aunque con más detenimiento en el fútbol de élite, y cómo estos desplazamientos definen las demandas fisiológicas de la competición.

Según estudios recientes, el jugador de fútbol de élite posee un buen rendimiento aeróbico con niveles de **VO2max** (ver el glosario de términos) entre 55 y 70 ml.kg.min. (McMillan et al., 2005; O'Reilly y Wong, 2012), y compite a una intensidad próxima a su **Umbral de Lactato (LT)**, al 80-90% de su frecuencia cardiaca máxima (FCmax) (Helgerud et al., 2001; McMillan et al., 2005).

Investigaciones previas han mostrado una relación directa entre una mejora de la **capacidad aeróbica** (ver el glosario) del jugador, y el incremento en la distancia recorrida y el número de esprints realizados en competición (Helgerud et al., 2001). Sin embargo, han sido necesarios posteriores trabajos para clarificar esta relación en jugadores de élite. Según Dellal et al. (2011), el fútbol es un deporte predominantemente **acíclico** (deporte en el que no hay una estructura definida en cuanto a velocidad, volumen o intensidad, ya que son aspectos que pueden variar en cualquier momento en función de variables como la oposición continua propia de este deporte), en el que los jugadores efectúan desplazamientos cortos a velocidad variable, recorriendo una considerable distancia en el transcurso de un partido. Dentro de estos desplazamientos, los más intensos y anaeróbicos (ver el glosario de términos) son los que tienen mayor incidencia directa sobre el resultado (Owen et al., 2012).

El entrenamiento de fuerza recientemente ha recibido gran atención por parte de técnicos e investigadores, y se ha mostrado como una herramienta fundamental para la mejora del rendimiento del jugador y como estrategia eficiente para la prevención de lesiones (Engebretsen et al., 2008; Ekstrand et al., 2011; Campos-Vázquez et al., 2014).

El objetivo de este libro es hacer uso del conocimiento científico sobre entrenamiento aplicado al fútbol, para aplicarlo en la formación del jugador de diferentes edades, capacidades y niveles de juego. Otro objetivo que este conjunto de libros persigue es incrementar la eficiencia del proceso de entrenamiento, asegurando que los aspectos claves del rendimiento (técnicos, tácticos y físicos) son desarrollados de forma conjunta. Para la consecución de estos objetivos, serán analizados los métodos de entrenamiento más actualizados y utilizados para el desarrollo del rendimiento del futbolista de élite. El uso de diferentes situaciones de juego, empleando desde espacios reducidos hasta los más amplios, es una parte fundamental del entrenamiento y será analizada como tal (información presente en el segundo libro). Sin embargo, los estudios más recientes ponen de manifiesto que hay poca información acerca de cómo ese entrenamiento puede ser implementado de la mejor manera, como parte estructurada de la sesión de entrenamiento, para mejorar de forma conjunta el rendimiento físico, técnico y táctico del jugador de fútbol (Hill-Haas et al., 2011).

La integración de estas tareas como parte del entrenamiento técnico asegura al entrenador la oportunidad de maximizar el tiempo de trabajo con sus jugadores, incrementando la eficiencia del entrenamiento, y como consecuencia, reduciendo el tiempo total de trabajo debido a la naturaleza multifuncional de estas situaciones (Owen et al., 2004; Dellal et al., 2008). Además estos ejercicios han mostrado incrementar la motivación del jugador en el entrenamiento, al compararse con entrenamientos meramente físicos que generaron el mismo esfuerzo en el jugador (Hill-Haas et al., 2009). En el segundo libro de esta serie se mostrarán justificaciones específicas para el empleo de estas tareas, y se mostrarán y discutirán ejercicios concretos, para generar una metodología de entrenamiento más eficiente que beneficie a los entrenadores en su trabajo diario.

Además, dejando a un lado su uso como tarea de entrenamiento útil para la mejora del rendimiento aeróbico y el desarrollo técnico-táctico del jugador (Hill-Haas et al., 2011), parece que las situaciones de juego reducido pueden ser lo suficientemente intensas para simular los esfuerzos de alta intensidad y los esprints repetidos, característicos de la competición (Gabbett y Mulvey, 2008; Casamichana et al., 2012). Estas sugerencias se ven reforzadas por el denominado "efecto techo" (límite a los beneficios del entrenamiento), asociado a la incapacidad de conseguir grandes intensidades de esfuerzo en jugadores que conservan una elevada capacidad aeróbica y técnica (Buchheit et al., 2009).

La literatura científica ha mostrado que las necesidades competitivas de efectuar desplazamientos a alta intensidad y repetir esprints, pueden potencialmente ser conseguidas en el entrenamiento con la introducción de situaciones de juego en espacios amplios (Hill-Haas et al., 2009). Estas amplias dimensiones empleadas, junto con que en estas situaciones el jugador tiene menos contacto directo con el balón, justificarían estos hallazgos (Owen et al., 2011). Las tareas de entrenamiento con amplios espacios de juego (denominadas en inglés **Large Sided Games, LSG)**, pueden posibilitar diferentes respuestas como resultado del mayor número de carreras a alta intensidad y esprints que los jugadores realizan cuando trabajan "sin balón" para intentar recuperarlo, y tanto evitar el gol del adversario como generar acciones propias para su consecución.

Además de lo comentado con anterioridad, la intención de esta serie de libros es echar mano de la literatura científica más actual, para establecer las claves de las demandas físicas, fisiológicas, técnicas y tácticas que el futbolista de élite debe afrontar en competición. Tras esbozar estas demandas y destacar las claves físico-técnicas necesarias para el óptimo rendimiento, el principal objetivo de esta serie de libros es promover la unión entre la evidencia científica y los métodos de entrenamiento aplicados en el fútbol actual, para maximizar la eficiencia de las sesiones de entrenamiento, y como consecuencia, del trabajo diario con el futbolista.

Finalmente, y tras generar una discusión basada en los conocimientos científicos más actuales, se destacará la necesidad de realizar una cuidadosa preparación, con una avanzada planificación del trabajo y la recuperación tras el mismo, junto con una exitosa implementación de un programa específico de prevención de lesiones para el jugador de fútbol que será propuesto en el libro.

CAPÍTULO 1

ENTRENAMIENTO Y FÚTBOL

ENTRENAMIENTO Y FÚTBOL

1. **Periodización en el Fútbol de Élite**

2. **Diferencias entre Jugar 1 o 2 Partidos Semanales**

3. **La Preparación Física en el Fútbol Actual**
   - Pretemporada
   - El Entrenamiento en Periodo Competitivo
   - Mitad de Temporada
   - Periodo Transitorio

4. **Entrenamiento Específico en el Fútbol de Élite Actual**
   - Ejercicio Intermitente
   - Velocidad, Capacidad de Repetir Esprints (*Repeated Sprint Ability*, **RSA**) y Agilidad
   - Situaciones de Juego Reducido

A lo largo de los últimos años se ha hecho más evidente el interés en la aplicación de métodos de entrenamiento más específicos que intentan reproducir las exigencias técnicas y físicas del juego (Dellal et al., 2010; Owen et al., 2011; Koklu et al., 2012; Owen et al., 2012). Uno de estos métodos que está ganando popularidad es el uso de juegos de entrenamiento con el objetivo de aplicar sobrecargas específicas para inducir resultados específicos.

La validez de las situaciones de juego reducido ha sido abordada debido a su capacidad para desarrollar al mismo tiempo aspectos técnicos, tácticos y físicos, mejorando la eficiencia del entrenamiento (Dellal et al., 2012). Muchos estudios recientes han mostrado que manipulando variables como las restricciones técnicas y tácticas (Abrantes et al., 2012), el tamaño del espacio de juego (Kelly y Drust, 2009; Casamichana y Castellano, 2010), el número de jugadores (Hill-Haas et al., 2009) y la duración de las series de trabajo (Fanchini et al., (2011), las respuestas fisiológicas de los jugadores pueden ser modificadas. Se ha sugerido que las respuestas fisiológicas favorables producidas por este método de entrenamiento, representan un estímulo capaz de mejorar la **Capacidad de Resistencia Aeróbica** en el futbolista –ver glosario de términos (Jones y Drust, 2007; Rampinini et al., 2007; Mallo et al., 2008; Coutts et al., 2009; Owen et al., 2011).

Dejando de lado su utilidad para el entrenamiento de la capacidad aeróbica y el desarrollo técnico/táctico (Hill-Haas et al., 2011), parece que cuando se compara con el juego real, las situaciones de juego reducido no pueden simular los esfuerzos efectuados a alta velocidad y esprint (Gabbett y Mulvey, 2008; Casamichana et al., 2012). Estos hallazgos se ven reforzados por el **"Efecto Techo"** asociado a la incapacidad de conseguir grandes intensidades de ejercicio (Buchheit et al., 2009).

ENTRENAMIENTO Y FÚTBOL

Sin embargo, esta incapacidad ha sido cuestionada por varios autores que trabajan en la élite (Dellal et al., 2011; Owen et al., 2012). Como se ha identificado en la literatura, los esfuerzos de alta intensidad y la realización de esprints repetidos son más frecuentes cuando se introducen formatos de juego más grandes (Hill-Haas et al., 2009). Como consecuencia, en estos formatos los jugadores tienen menos participación con balón, pero también se incrementan las carreras a alta velocidad y de alta intensidad que ocurren cuando se trabaja sin balón, con la finalidad de superar oponentes o crear una oportunidad de gol.

A su vez, la ausencia de investigación que examine las situaciones de juego en espacios medios (6vs6, 7vs7, 8vs8) y grandes (9vs9,10vs10, 11vs11), podría deberse a que estos formatos son empleados con fines más técnico-tácticos que físicos o fisiológicos. Sin embargo, no tener en cuenta los parámetros físicos y fisiológicos durante estos partidos en espacios medios y grandes, puede significar que nos perdamos elementos importantes del entrenamiento y los beneficios potenciales que su empleo tendrían.

ASPECTOS CLAVE:

Los autores creen que casi todos los ejercicios técnicos/tácticos tienen un efecto potencial sobre la mejora condicional. Los entrenadores y preparadores físicos deben trabajar conjuntamente para optimizar el desarrollo condicional dentro de las tareas de entrenamiento más relacionadas con el juego.

En el entrenamiento de élite es de vital importancia generar métodos de entrenamiento más específicos y maximizar su participación dentro de una estructura de entrenamiento periódica.

Figura 1. Modelo de Eficiencia para el Análisis del Entrenamiento en Fútbol (a partir de Reilly, 2005).

ENTRENAMIENTO Y FÚTBOL

TENDENCIAS ENTRE LOS INDICADORES CLAVE DE RENDIMIENTO Y LA POSICIÓN EN LIGA

Figura 2. Tendencia Entre Indicadores Clave de Rendimiento y Posición en Liga

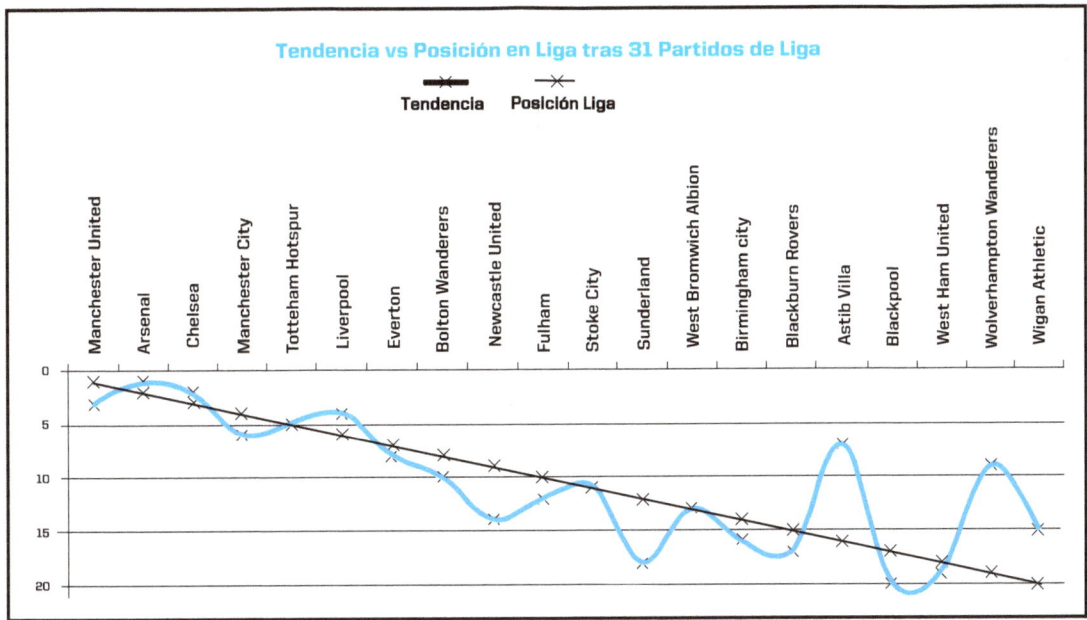

La línea de tendencia muestra el lugar que debería ocupar en liga basado en datos físicos obtenidos por PROZONE© (p.ej. distancia total recorrida, distancia en esprint) e indicadores técnicos específicos (p. ej. posesión, pases hacia delante).

La línea continua muestra la posición actual en la liga.

Investigaciones recientes han demostrado que existe una correlación significativa entre los indicadores clave del rendimiento futbolístico (por ejemplo, distancia recorrida con o sin posesión de balón, distancia recorrida en esprint, pases con éxito y clasificación en la liga de un equipo) (PROZONE©, 2009).

Esta fórmula en particular ha puesto de relieve la relación clave entre los marcadores de rendimiento y el éxito relativo a lo largo de la temporada, pero se necesita más investigación de calidad para certificar tales sugerencias. Investigaciones anteriores, detalladas más adelante en este capítulo, han revelado una estrecha relación entre los test de rendimiento físico y el éxito del equipo en el fútbol escandinavo de élite (Arnason et al., 2004; Hoff y Helgerud, 2004).

1. PERIODIZACIÓN EN EL FÚTBOL DE ÉLITE

ENTRENAMIENTO Y FÚTBOL

PERIODIZACIÓN EN EL FÚTBOL DE ÉLITE

¿En qué Consiste la Periodización?

La periodización del entrenamiento es una de las teorías más utilizadas en numerosos deportes individuales y de equipo en todo el mundo. El concepto inicial de "periodización" se formó en la década de los 60 y se basó inicialmente en la experiencia del deporte de alto rendimiento en la antigua URSS, junto con publicaciones de fisiólogos y científicos que trabajaban en el deporte de la Unión Soviética en ese momento (Yakovlev, 1955; Zimkin, 1961). Años más tarde, el término periodización del entrenamiento se desarrolló, formalizó y reprodujo en muchos países y se convirtió en una de las teorías más utilizadas a la hora de planificar y analizar el entrenamiento (Matveyev, 1964; Zheliazkov, 1981; Bompa, 1984). Según Issurin (2010), la continua evolución del deporte y de la ciencia del deporte ha contribuido a mejorar el conocimiento, la evidencia y las tecnologías de entrenamiento, pero el modelo tradicional de periodización que se estableció hace unos 50 años no ha cambiado significativamente. En los últimos años, los informes realizados por distintos profesionales del área y las revistas de entrenamiento han sugerido enfoques alternativos para el diseño del entrenamiento, estando limitados limitados (si los hubiera) por una consideración poco seria y científica (Issurin, 2010).

La Teoría de la Supercompensación

La **Supercompensación** es un proceso de cuatro pasos. El primer paso es la aplicación de una carga de entrenamiento que supone un esfuerzo y la reacción posterior del organismo a este esfuerzo, en forma de fatiga o cansancio. Hay una caída predecible en el rendimiento debido a ese estrés. El segundo paso es la fase de recuperación.

Investigaciones recientes efectuadas por Issurin (2010), han indicado que para entender el concepto básico de la periodización del entrenamiento se debe entender la interacción básica "carga-recuperación" o la "teoría de la supercompensación" (**Figura 3** en la página siguiente).

El ciclo de supercompensación comienza cuando sobre el jugador se aplica una carga física, que sirve como estímulo que provoca una reacción posterior.

La carga inicial, determinante de la respuesta posterior, provoca un cierto grado de fatiga y la consiguiente disminución del rendimiento físico del deportista. La reacción a esa carga (2ª fase) está marcada por la fatiga y como consecuencia de una recuperación suficiente, asegura un aumento de la capacidad de trabajo del atleta hacia el final de esta fase, alcanzando niveles de pre-entrenamiento. Durante la siguiente fase de la secuencia, la capacidad de trabajo sigue aumentando, desarrollándose por encima de su nivel anterior y alcanzando el punto más alto, que corresponde a la fase de supercompensación (Issurin, 2010).

Además, a partir de los estudios publicados sobre la teoría de la supercompensación, se ha llegado a la conclusión de que puede efectuarse una estructura que implique una serie de entrenamientos en un estado fatigado (Matveyev, 1981). Cabe destacar, sin embargo, que el efecto de supercompensación sólo será prevalente si el equilibrio entre la carga de entrenamiento y la recuperación, como se muestra en la **Figura 4** (página siguiente) es correcto, ya que se ha sugerido que este efecto específico es positivo después de un pequeño ciclo de entrenamiento específico, pero no de un solo entrenamiento. Esta importancia de los ciclos de entrenamiento sienta las bases para el desarrollo de pequeños ciclos conocidos como microciclos, y los siguientes planes de desarrollo de los entrenamientos previos a la competición.

ENTRENAMIENTO Y FÚTBOL

Figura 3. Ciclo de Supercompensación – Tendencia de la Capacidad de Trabajo tras un Carga Simple (Issurin, 2010).

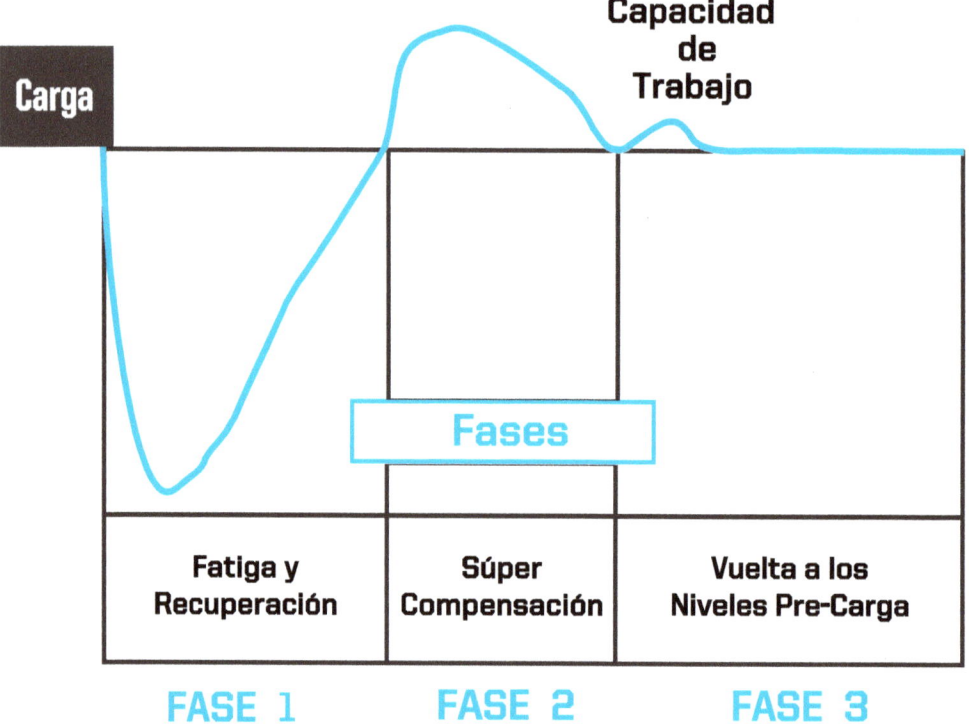

Figura 4. Relación entre Carga de Entrenamiento y Tiempo de Recuperación
(www.pponline.co.uk/encyc/recovery)

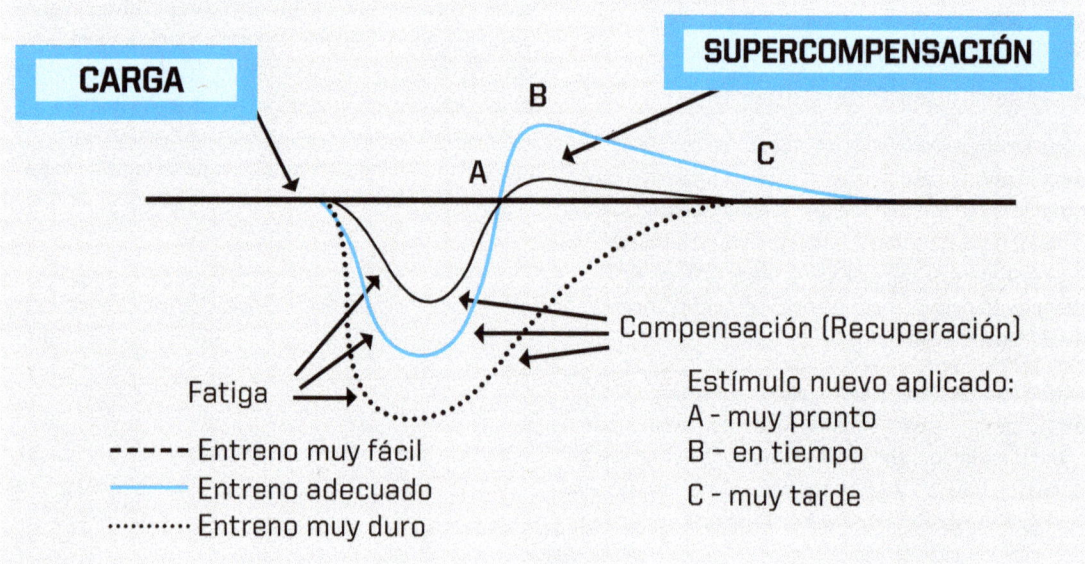

ENTRENAMIENTO Y FÚTBOL

Tapering para Competir
¿Ventana de trabajo?

¿Qué es el *tapering* (afinamiento)?

Es una "progresiva reducción de la carga de entrenamiento durante un periodo de tiempo variable que tiene por objeto reducir el estrés fisiológico y psicológico del entrenamiento diario y optimizar el rendimiento deportivo"

ESTRATEGIAS

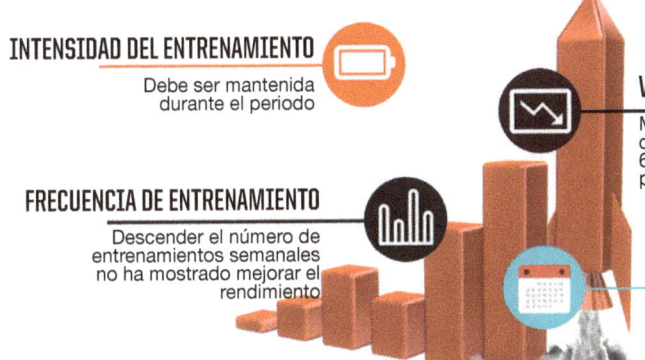

INTENSIDAD DEL ENTRENAMIENTO
Debe ser mantenida durante el periodo

VOLUMEN DE ENTRENAMIENTO
Mayores ganancias son obtenidas con una reducción total del 41-60% de los valores previos a este periodo

FRECUENCIA DE ENTRENAMIENTO
Descender el número de entrenamientos semanales no ha mostrado mejorar el rendimiento

DURACIÓN DEL PERIODO
8 a 14 días parecen representar el límite entre la desaparición de la fatiga y el efecto negativo del desentrenamiento

Pueden esperarse mayores mejoras con una mayor carga de entrenamiento antes de este periodo, donde el objetivo no debe ser desarrollar un estado de sobrecarga que podría perjudicar el "rebote" en el rendimiento.

RESPUESTA INDIVIDUAL

Se han observado grandes diferencias individuales en la respuesta a este tipo de intervenciones, siendo útil para los entrenadores a la hora de diseñar y periodizar los entrenamientos, pero teniendo en cuenta la necesidad de individualizar para la consecución del máximo efecto.

Referencia: Le Mew, Hausswirth & Mujika, Tapering para Competir: Una Revisión, Science & Sports, 2012

Diseñado por @YLMSportScience

Preparación Física En Fútbol Desde Una Aproximación Científica

ENTRENAMIENTO Y FÚTBOL

Periodización del Entrenamiento y Gestión de la Fatiga en Fútbol

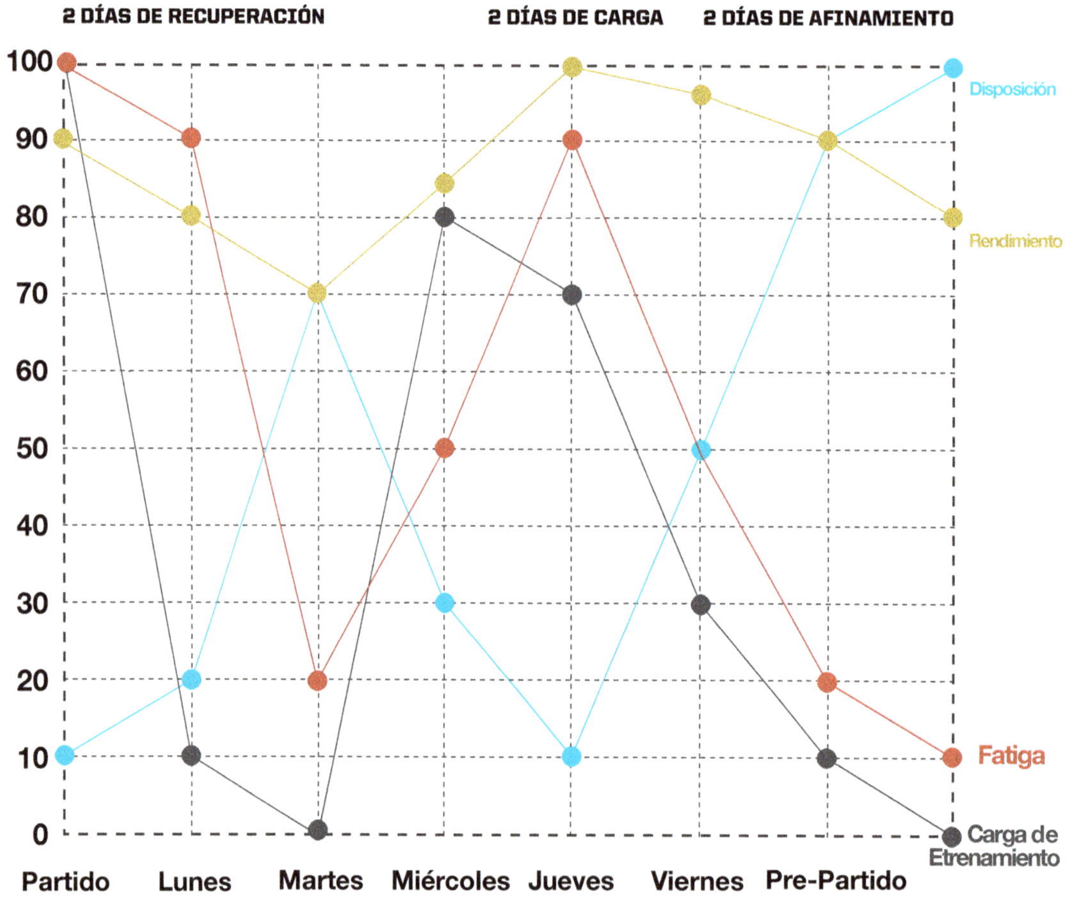

2 DÍAS DE RECUPERACIÓN   **2 DÍAS DE CARGA**   **2 DÍAS DE AFINAMIENTO**

Disposición
Rendimiento
Fatiga
Carga de Etrenamiento

Partido | Lunes | Martes | Miércoles | Jueves | Viernes | Pre-Partido

Referencia

A partir de Fitness in Soccer - The Science and Practical Applications por Jan Van Winckle et al., 20133

Diseñado por @YLMSportScience

CICLOS DE ENTRENAMIENTO

Preparación Plurianual

Cuando discutimos sobre la estructura de la periodización en el deporte, debe destacarse que esta teoría es generalmente parte de una preparación plurianual en la que los niveles jerárquicos se establecen dentro del sistema. Como muestra la Tabla 1 en la siguiente página, el esquema global es conocido como preparación plurianual, donde es de vital importancia intentar conseguir el pico de rendimiento a más largo plazo (ciclos de 2-4 años) (p.ej. Olimpiadas, Campeonatos de Europa, Mundial).

Macrociclos

El siguiente nivel en el proceso es conocido como macrociclo y abarca generalmente un año de duración, aunque puede ser acortado a medio año o incluso menos en algunas circunstancias. Suele dividirse en meses, y según las investigaciones previas incluye los periodos preparatorio, competitivo y de transición (Harre, 1973). Por lo tanto, cada macrociclo suele constar de las siguientes fases:

1) Preparación, 2) Competitiva y 3) Transición.

La Fase de Preparación

Esta fase debe durar aproximadamente de 2/3 a 3/4 del macrociclo que se divide en 2 partes de igual duración:

- **Preparación General**
  Para desarrollar una base aeróbica para el fútbol o deportes de resistencia.

- **Preparación Específica**
  Para trabajar los aspectos específicos e incrementar la eficiencia del entrenamiento.

En algunas ligas, algunos equipos participan en competiciones continentales. Como resultado de este apretado calendario, a veces los jugadores están expuestos a periodos fuera de temporada extremadamente cortos. Idealmente el futbolista debería tener 3 semanas de descanso entre cada temporada. En este caso la "fase de preparación" puede ser estructurada bastante bien y empezar a baja intensidad para ir progresivamente incrementando la carga de entrenamiento. Con jugadores que no han tenido este descanso, la fase de preparación (pretemporada) debe ser también significativamente acortada. Aunque no hay evidencia científica al respecto, los jugadores pueden reanudar el entrenamiento tras 2-3 días de un entrenamiento más genérico para asegurar su capacidad de asimilar una mayor carga de entrenamiento de alta intensidad. La opinión del autor es que monitorizando el entrenamiento con las adecuadas herramientas (RPE, Cuestionarios de Bienestar, FC y GPS), el equipo técnico puede ser guiado para aplicar la carga de entrenamiento correcta e individual a cada jugador.

La Fase Competitiva

La fase competitiva puede comprender diferentes competiciones, o coincidir con el inicio de la competición en deportes de equipo. Cuando ciertas competiciones o partidos son de mayor prioridad o dificultad, pueden adoptarse estrategias de *tapering* para asegurar una mejor condición física en comparación con otras competiciones o partidos en la misma fase.

La Fase de Transición

La última fase es conocida como de transición y es importante por motivos físicos y fisiológicos. Esta fase conlleva el cese del entrenamiento y permite al cuerpo y la mente recuperarse por completo antes de la siguiente fase o ciclo de entrenamiento.

Mesociclos y Microciclos

Según Issurin (2010), las siguientes estructuras conocidas como mesociclos (semanas) y microciclos (días), son más cortas y principalmente se utilizan para la recuperación activa y la rehabilitación dentro del programa de entrenamiento. Un mesociclo representa una fase de entrenamiento de 2 a 6 semanas, dependiendo de la disciplina deportiva. Durante la fase de preparación un mesociclo consiste en 4-6 microciclos, mientras que durante la fase competitiva constará de 2 a 4 microciclos, dependiendo de las demandas de la competición.

El objetivo a largo plazo es vincular los mesociclos con el calendario general para garantizar que cada mesociclo finalice en una de las fases, así como asegurarse el pico de rendimiento en las competiciones prioritarias mediante la mejora en cada ciclo durante todo el periodo de entrenamiento.

Los microciclos y mesociclos más pequeños son los fundamentos clave de todo el sistema de entrenamiento. Existen pocas referencias científicas sobre el uso de la periodización en el fútbol profesional. Esto puede deberse a las dificultades prácticas encontradas al tratar de aplicar una estrategia de periodización a largo plazo. De hecho, el entrenamiento debe ser continuamente reevaluado en función de la evolución de la forma física de los jugadores. Sin embargo, dentro del fútbol profesional la clave es asegurar que el rendimiento máximo se mantenga a lo largo de la temporada, ya que un partido no es más importante que otro dentro de una competición liguera. Un plan general es posible, pero una programación precisa anual de la carga de entrenamiento prácticamente no tiene sentido, ya que no deben planificarse disminuciones en el rendimiento físico. La clave es mantener y mejorar los marcadores de rendimiento a lo largo de la temporada, independientemente del rival. Por lo tanto, se puede sugerir que el cuerpo técnico y los servicios médicos deben centrarse en la monitorización y el análisis de las tendencias del estado individual de cada jugador y del equipo, sobre la base de microciclos o como máximo de un mesociclo (p.ej. la respuesta a la carga en entrenamiento y partido, así como los resultados de las evaluaciones realizadas).

Tabla 1. Etapas en un Entrenamiento Periodizado – Planificación Avanzada (Adaptado de Issurin, 2010).

PERIODOS DE ENTRENAMIENTO	DURACIÓN	CARACTERÍSTICAS DEL ENTRENAMIENTO
Preparación Plurianual	Años	Plan sistemático anual o plurianual sobre un ciclo de 2 o 4 años
Macrociclo	Meses	Gran ciclo de entrenamiento que incluye periodo de preparación, competición y transición
Mesociclo	Semanas	Ciclo de entrenamiento de tamaño medio que consiste en un número de microciclos
Microciclo	Días	Ciclo de entrenamiento que consiste en unos días, frecuentemente una semana
Sesión de Entrenamiento	Minutos/Horas	Una sesión de entrenamiento realizada a un grupo o a un individuo

Periodización en Bloques

Según la investigación previa, la periodización en bloques ha sido empleada con gran éxito en deportes individuales durante muchos años (Issurin y Kaverin, 1985; Touretski, 1998; Breil et al., 2010). Sin embargo, su aplicación en deportes de equipo no está tan clara (Mallo, 2012), debido al hecho de que los deportes de equipo como el fútbol se caracterizan por períodos de competición muy largos con la necesidad de realizar a menudo 2 partidos por semana. En uno de los pocos estudios de periodización dentro del fútbol profesional, el autor de *"Periodización del Entrenamiento Físico"* Javier Mallo (2011), investigó los efectos de aplicar una teoría de periodización en bloque sobre el rendimiento competitivo dentro de un equipo de fútbol profesional durante 4 temporadas competitivas consecutivas. Dentro del estudio, el desarrollo de diferentes capacidades físicas relevantes para el rendimiento en los partidos de fútbol se organizó en mesociclos consecutivos. Los ciclos de entrenamiento se centraron en torno a 3 fases, cada una de las cuales constaba de las 3 estructuras de entrenamiento propuestas por Issurin (2010):

- **Bloque de Acumulación**

  Mallo en este estudio destacó que el objetivo principal del *"Bloque de Acumulación"* fue incrementar la habilidad de realizar ejercicio intermitente de alta intensidad durante un periodo de tiempo prolongado, conseguido por medio del entrenamiento aeróbico de alta intensidad.

- **Bloque de Transformación**

  En este bloque el objetivo fue mejorar la capacidad de los jugadores de repetir esprints, centrando el entrenamiento físico en el entrenamiento de resistencia a la velocidad.

- **Bloque de Realización**

  Cada etapa de entrenamiento concluyó con un *"Bloque de Realización"* para desarrollar la capacidad de los jugadores de realizar ejercicios de máxima intensidad, a través del entrenamiento de desarrollo de velocidad.

Basada en esta organización, el estudio examinó el éxito del equipo por medio del número de puntos conseguido por partido y periodo de entrenamiento.

Mallo (2011), concluyó con su trabajo longitudinal que el entrenamiento condicional de un equipo de fútbol profesional puede ser estructurado siguiendo un modelo de periodización por bloques, mostrando también que el mayor éxito del equipo se obtuvo durante los bloques de realización, ya que en ellos se obtuvieron el 59% de los puntos en juego. Este estudio muestra que el modelo por bloques, como alternativa al modelo de periodización, puede ser empleado con futbolistas profesionales.

El entrenamiento de las capacidades físicas relevantes para el desempeño físico en partido puede ser periodizado usando cargas específicas en el momento adecuado para permitir picos de rendimiento en los momentos elegidos de la competición. La aplicación correcta de la relación carga-recuperación puede proporcionar al equipo un aumento en las posibilidades de éxito en el momento adecuado (p. ej. una planificación avanzada que asegure que los partidos determinantes estén en las fases de realización del programa de entrenamiento).

Otros avances relacionados con el uso de la periodización en el fútbol han sido promovidos por investigaciones recientes sobre esta teoría específica del entrenamiento (Mallo, 2012). Esta particular investigación examinó el efecto de la periodización en bloques sobre el rendimiento físico en un equipo de fútbol profesional. En el estudio se dividió la temporada en 5 periodos de entrenamiento, que a su vez fueron divididos en los tres bloques descritos anteriormente (Acumulación, Transformación y Realización). Mallo (2012), destacó en este estudio el volumen de entrenamiento por medio de minutos pasados desarrollando las capacidades físicas y la frecuencia cardiaca obtenida, comparando ambos datos por bloque. El rendimiento físico del jugador fue medido al final de cada bloque y comparado. Los resultados revelaron:

- El tiempo realizando entrenamiento aeróbico de alta intensidad fue significativamente mayor en el *"Bloque de Acumulación."*

- En el *"Bloque de Transformación"* el tiempo dedicado al entrenamiento de resistencia a la velocidad fue mayor que en el resto de bloques.

ENTRENAMIENTO Y FÚTBOL

- El tiempo dedicado al desarrollo de la velocidad fue mayor en el *"Bloque de Realización."*

Estas mejoras pueden ser debidas al descenso del volumen de entrenamiento y al consiguiente efecto de supercompensación. Desde una perspectiva condicional, el salto y el esprint en 10 m fue mejorado en la última fase del ciclo comparada con las dos anteriores. Por último, los jugadores recorrieron más distancia (26-30%) en el nivel 1 al final de la temporada en comparación con el inicio del periodo competitivo. Estos resultados sugieren que la periodización mediante bloques puede ser una alternativa para la programación en fútbol, especialmente cuando la clave sea un pico de rendimiento al final de la temporada, siendo este momento clave al competir por ganar torneos, conseguir plaza en competición europea o evitar el descenso. De forma general, la periodización proporciona una estructura para la planificación y modificación de las variables del entrenamiento con el objetivo de maximizar las adaptaciones específicas del deporte (Gamble, 2006; Kelly y Coutts, 2007).

Según investigaciones recientes, dentro de los deportes de equipo los modelos típicos de periodización generalmente siguen un flujo lógico a través de la preparación general, la preparación específica, la precompetición y la competición (Dawson, 1996), y aunque se han hecho intentos de aplicar teorías específicas de periodización al fútbol, todavía se necesita investigación adicional para confirmar su uso en el fútbol de élite. Es necesario continuar la investigación en esta área debido a los problemas que rodean a las diferentes técnicas, tácticas (sistema de juego – tener o no la posesión) e implicaciones físicas. El hecho de poder abogar únicamente por la mejora competitiva o el rendimiento (por ejemplo, los puntos conseguidos) en un programa periódico conlleva muchas dificultades, pero sin duda abre el campo para un mayor desarrollo controlado de la investigación.

Figura 5. Modelo de Periodización de una Temporada en Fútbol (Mallo, 2012).

F1							F2								F3							
A			T		R		A			T			R		A			T			R	
PE 1							PE 2								PE 3							
1	2	3	4	5	6	7	8	9	10	11	12	13	14	15	16	17	18	19	20	21	22	23

F4							F5							
A			T		R		A			T		R		
PE 4							PE 5							
25	26	27	28	29	30	31	32	33	34	35	36	37	38	39	40	41	42	43	44

*F = Test Físico; *A* = Acumulación; *T* =Transformación; *R* = Realización; *PE* = Periodo de Entrenamiento

NOTE: La última fila representa la semana de entrenamiento.

ENTRENAMIENTO Y FÚTBOL

Figura 6. Tiempo Medio (Minutos) por Semana Dedicado a Cada Aspecto Condicional en Cada Periodo (Mallo, 2011).

TIPO DE EJERCICIO FÍSICO	ACUMULACIÓN	TRANSFORMACIÓN	REALIZACIÓN
Calentamiento	47.4 ± 8.5	46.1 ± 5.1	47.2 ± 12.3
Aeróbico Baja Intensidad	8.8 ± 22.2	2.0 ± 5.5	0.0 ± 0.0
Aeróbico Alta Intensidad	39.2 ± 22.6	6.9 ± 10.5 ***	2.7 ± 6.6 ***
Fuerza en Gimnasio	36.5 ± 23.4	16.2 ± 11.1 *	13.7 ± 10.3 **
Resistencia a la Velocidad	2.8 ± 4.0 $$$	21.0 ± 10.1	9.3 ± 12.4 $
Velocidad	9.3 ± 6.5 #	10.5 ± 10.4 *	21.1 ± 12.4
Flexibilidad	29.0 ± 14.6	22.5 ± 7.6	21.4 ± 2.4
Otras Capacidades	3.7 ± 4.5	6.6 ± 5.0	6.5 ± 6.7

* Diferencia significativa con Acumulación (P <0,05)
** Diferencia significativa con Acumulación (P <0,01)
*** Diferencia significativa con Acumulación (P <0,001)

$ Diferencia Significativa con Transformación (P <0.05)
$$ Diferencia Significativa con Transformación (P <0.001)
Diferencia Significativa con Realización (P <0.05)

Figura 7. Porcentaje de Puntos Ganados contra Equipos de la Tercera División Española en Relación a los Puntos Posibles durante los Mesociclos de Acumulación, Transformación y Realización (a partir de Mallo, 2011).

Superior = Equipos en posiciones 1º-6º; Mitad = Equipos en posiciones 7º-13º; Inferior = Equipos en posiciones 14º-20º

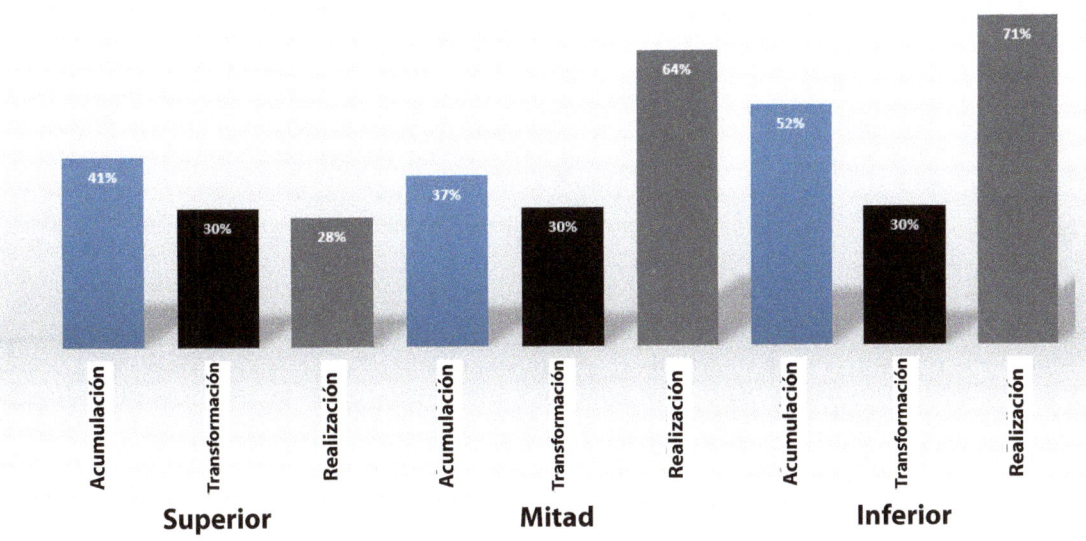

ENTRENAMIENTO Y FÚTBOL

PARADIGMAS DE LA PERIODIZACIÓN EN EL SXXI: ¿EVIDENCIA O TRADICIÓN?

Por John Kiely, International Journal of Sport Physiology and Performance, 2012

OBSERVACIONES

1. Cada atleta responderá de manera diferente a idénticas sesiones

2. Sesiones idénticas realizadas por un deportista siempre provocarán una respuesta de entrenamiento única para ese atleta, dependiendo del estado transitorio de los sistemas involucrados

3. Los patrones y observaciones basadas en datos grupales pueden ser altamente engañosos cuando se generaliza al individuo

4. Es altamente improbable que haya patrones, ventanas de actuación, progresiones o planteamientos "ideales" aplicables a todos los contextos y niveles

Este razonamiento sugiere un cambio en el concepto "ideal" de unas estructuras de entrenamiento, hacia una filosofía caracterizada por una disposición adaptativa para responder a la información emergente

IMPLICACIONES PRÁCTICAS

1. Es deseable desviarse de la planificación programada estando el sistema de gestión de los entrenamientos diseñado para facilitar, más que suprimir, cambios coherentes

2. La captura sistemática y la revisión de los datos adecuados, son un componente crucial del proceso de entrenamiento, teniendo la finalidad de modificar la intervención en la correcta dirección

Diseñado por @YLMSportScience

Carga de Entrenamiento y Estrategias de *Tapering*

- El uso integrado de la tecnología para monitorizar el entrenamiento, desde la perspectiva de la carga interna y externa, se ha incrementado. Además, la cuantificación de ejercicios y formatos de juego en entrenamiento para estimular las demandas técnicas, tácticas y físicas de la competición ha ganado interés por parte de los entrenadores. De forma general, la implementación y eficacia de la periodización en el fútbol de élite sigue siendo poco comprendida y analizada.

- Un estudio reciente de Malone et al. (2014), cuantificó la carga de entrenamiento en un equipo de *Premier League* durante una temporada. Observó que la periodización de la carga de entrenamiento fue típicamente confinada en el día previo al partido (DP-1), sin encontrar diferencias en el resto de días (desde DP-2 a DP-5).

- Por otro lado Owen et al.(2016), efectuaron durante una temporada en futbolistas europeos de élite un análisis de las demandas posicionales por mesociclos en los microciclos de entrenamiento, a la vez que describían un método específico de *tapering* para la preparación de los partidos (datos no publicados). Los resultados revelaron que con ese modelo específico de *tapering*, se mantenía un mesociclo uniformado y estructurado, al mismo tiempo que se inducía una significativa variación en la carga de entrenamiento durante los microciclos. Como consecuencia, esta estrategia de *tapering* o afinamiento aumentó la capacidad de imponer una reducción significativa de los estresores físicos que actúan sobre el jugador dentro de las 48h previas a la competición, al tiempo que se redujo la fatiga acumulada.

- Adicionalmente, esta investigación también reveló que esta estrategia de *tapering* o afinamiento puede inducir variaciones significativas dentro de las demandas posicionales durante un microciclo, siendo este aspecto destacable debido a la importancia de entrenar a los jugadores en relación a sus demandas posicionales de juego.

- Los entrenadores necesitan conocer que existen este tipo de estrategias en el fútbol de élite y como resultado, emplear estímulos de sobrecarga dentro el microciclo para mejorar el rendimiento y reducir la fatiga cerca del día de partido.

2. DIFERENCIAS ENTRE JUGAR 1 O 2 PARTIDOS SEMANALES

LA DIFERENCIA ENTRE JUGAR 1 O 2 PARTIDOS SEMANALES

El actual fútbol profesional de élite requiere que los jugadores posean la capacidad de recuperar del esfuerzo impuesto por la competición y la alta intensidad de ciertos periodos de entrenamiento. Esta capacidad del jugador para afrontar estos continuos esfuerzos de alta intensidad y elevada velocidad, así como su capacidad para recuperarse de ellos, es considerada determinante del rendimiento posterior (Mohr et al., 2005).

Las demandas físicas, técnicas y psicológicas impuestas al jugador durante el transcurso de la temporada, dependen generalmente del éxito del equipo (p. ej. número de partidos incrementado por el éxito del equipo en Champions League; UEFA; competiciones de Copa doméstica), y del éxito propio del jugador (p.ej. jugadores seleccionados por sus países: Copa el Mundo; Campeonato de Europa, etc.), como se muestra en la **Tabla 2**. Como consecuencia, el futbolista profesional de élite a menudo tiene que competir cada 3 o 4 días, con solo 2 o 3 días de recuperación entre partido.

Tabla 2. Número de Partidos Oficiales Jugados en las Mejores Ligas Europeas Leagues (Dellal et al., 2013).

PAÍS	PARTIDOS DE LIGA	PARTIDOS DE LA COPA DE LA LIGA	PARTIDOS DE COPA	PARTIDOS DE CHAMPIONS LEAGUE	OTROS DE CLUB	EQUIPO NACIONAL	CANTIDAD MÍNIMA DE PARTIDOS	CANTIDAD MÁXIMA DE PARTIDOS	DESCANSO EN VERANO (DÍAS)
España (La Liga)	38	1 to 10	0	6 to 15	2 to 4	4 to 11	51	78	30 to 41
Inglaterra (Premier League)	38	1 to 9	1 to 9	6 to 15	2	4 to 11	52	84	40 to 55
Alemania (Bundesliga)	34	1 to 5	1 to 6	6 to 15	1	4 to 11	47	72	41 to 53
Francia (Ligue 1)	38	1 to 5	1 to 6	6 to 15	2	4 to 11	50	77	25 to 35
Italia (Serie A)	38	2 to 11	0	6 to 15	1	4 to 11	51	76	41 to 53

PREPARACIÓN FÍSICA EN PERIODOS DE ALTA DENSIDAD COMPETITIVA

En estos periodos de elevado número de partidos semanales, el mantenimiento o la mejora de las capacidades físicas de los jugadores puede estar determinado no sólo por el nivel de rendimiento precompetitivo, sino también por la capacidad del jugador de recuperarse estructural, bioquímica y psicológicamente tras afrontar estas elevadas y repetidas magnitudes de carga (Hagglund et al., 2005; Ekstrand et al, 2011).

Estudios recientes han investigado los perfiles de rendimiento físico y el riesgo de lesión del futbolista profesional durante estos periodos (Carling y Dupont, 2011; Carling et al., 2012). Curiosamente, los resultados de estas investigaciones no encontraron diferencias en las distancias recorridas a diferentes velocidades y en el riesgo de lesión del futbolista.

No obstante, es necesario destacar que estos resultados deben ser tomados en consideración con cierta cautela, debido a las limitaciones específicas de estos estudios:

1. El número de jugadores estudiados varió de un partido a otro.
2. Solo 6 jugadores participaron como titulares o suplentes en cada partido.
3. Solo un jugador de campo disputó cada partido estudiado.

Debido a estas limitaciones, serán necesarias futuras investigaciones para investigar los efectos sobre el rendimiento físico y la incidencia lesional de estos periodos de alta densidad competitiva en el futbolista profesional.

En uno de estos estudios Dupont y colegas (2010), examinaron la diferencia entre jugar uno o dos partidos semanales. El estudio se centró en el tiempo de recuperación entre dos partidos jugados en 7 días, y concluyeron que:

1. Un periodo de recuperación entre 72 a 96 horas entre partido, pareció ser suficiente para mantener los niveles de rendimiento físico en estos partidos consecutivos (no existió reducción en distancia recorrida a alta intensidad y en esprint).
2. Sin embargo, este periodo de tiempo entre partidos mostró ser insuficiente para mantener el ratio de incidencia lesional.
3. Consecuentemente y desde un punto de vista práctico, el estudio pone de manifiesto la necesidad de introducir rotaciones de jugadores y estrategias de prevención y de recuperación, con el objetivo de mantener un ratio de lesiones reducido durante estos periodos de alta densidad competitiva.

Efectos de la Intensidad y el Volumen de la Carga de Entrenamiento

En la actualidad, existe un número limitado de investigaciones que hayan analizado los efectos de la intensidad, el volumen y las diferentes cargas aplicadas en semanas con uno o dos partidos. Una de estas publicaciones comparó, en jugadores profesionales de fútbol a lo largo de 20 semanas de competición, la diferencia en varias variables en función de tener un partido o dos semanales (Owen y Wong, 2009). Los resultados revelaron que el volumen semanal de alta intensidad se redujo un 27% y un 67% respectivamente en semanas con 1 o 2 partidos, en comparación con semanas sin partido (Tabla 3 de la siguiente página).

ASPECTOS CLAVE:

Es esencial tener plantillas numerosas, introducir rotaciones de jugadores y estrategias de prevención de lesiones y recuperación, con el objetivo de mantener el ratio de lesión reducido durante los periodos de alta densidad competitiva.

ENTRENAMIENTO Y FÚTBOL

Tabla 3. Volumen de Entrenamiento de Alta Intensidad en Función del Número de Partidos Semanales
(a partir de Owen y Wong, 2009)

NÚMERO DE PARTIDOS POR SEMANAS	REDUCCIÓN DEL ENTRENAMIENTO DE ALTA INTENSIDAD EN COMPARACIÓN CON SEMANAS SIN PARTIDOS (%)	VOLUMEN DE ENTRENAMIENTO SEMANAL DE ALTA INTENSIDAD	
		Media	S.D (±)
0 partidos semanales	–	55,57	6,14
1 partido semanal	25,7	41,29	9,55
2 partidos semanales	67,3	18,17	8,29

* Alta Intensidad= *Tiempo (minutos) >85%FCmax*

Asimismo, Impellizzeri et al. (2005), encontraron en un equipo profesional italiano que las semanas de entrenamiento con dos partidos oficiales la carga de entrenamiento descendió una media del 50%, como muestra la **Figura 8 (A)** de la siguiente página. Además, sugirieron que cuando se jugó un partido semanal la reducción total de la carga fue solo del 25% como muestra la **Figura 9 (B)**, siendo datos muy similares a los propuestos por Owen y Wong (2009). Estos datos ponen de manifiesto la importancia de la validación de métodos para cuantificar el coste aeróbico y la carga interna en competición, para conocer la carga que afronta el futbolista y los efectos que conllevan los entrenamientos y los métodos de recuperación, con el objetivo de mejorar las prestaciones de los jugadores.

Planificación del Entrenamiento en Jugadores Sustitutos y Menos Utilizados

Un problema importante relacionado con el hecho de que el equipo juegue dos partidos a la semana es encontrar el equilibrio adecuado entre el entrenamiento de los titulares, y el resto de jugadores. Está claro que cuando se juegan 2 partidos a la semana, la carga de entrenamiento de los jugadores del primer equipo durante las sesiones de entrenamiento disminuye (como se ha señalado con anterioridad). El cuerpo técnico debe tratar de gestionar a los jugadores que no participan en los partidos o que sólo han participado como suplentes de forma diferente. La capacidad de conocer con precisión los diferentes niveles de rendimiento, determinará en gran medida la eficacia del cuerpo técnico.

Es de gran importancia asegurarse de que los minutos perdidos en los partidos de competición por parte de los jugadores que no juegan, sean sustituidos de la manera correcta y en el momento adecuado (por ejemplo, partidos con el equipo reserva y entrenamientos de alta intensidad solicitando altas velocidades), ya que estos jugadores pueden convertirse en jugadores importantes a lo largo de la temporada. Las reducciones en la capacidades física de estos jugadores pueden tener efectos negativos cuando son llamados a reemplazar a los jugadores titulares. Desde el punto de vista más práctico, si no somos capaces de intervenir de manera adecuada acabaremos con jugadores de dos "estatus diferentes" dentro de la plantilla:

1. Los jugadores titulares que están físicamente preparados gracias a los entrenamientos diarios y los partidos disputados.

2. Los suplentes habituales que, con el tiempo, pierden progresivamente su capacidad física e incluso su disposición psicológica al entrar en un "estado de desentrenamiento."

ASPECTOS CLAVE:
Es de gran importancia asegurarse de que los minutos perdidos en competición, por parte de los suplentes que no juegan, se sustituyan de la manera correcta y en el momento adecuado (partidos con el equipo reserva y entrenamientos de alta intensidad solicitando altas velocidades), ya que estos jugadores pueden convertirse en jugadores importantes a lo largo de la temporada.

ENTRENAMIENTO Y FÚTBOL

Figuras 8-9. Periodización Semanal (1vs2 Partidos Semanales) en un Equipo de Fútbol Profesional Italiano
(a partir de Impellizzeri et al., 2005).

TLd = *Carga de Entrenamiento (Training Load) = Percepción Subjetiva del Esfuerzo x Duración del Entrenamiento.*

Figura 8. Dos Partidos por Semana (A)
* Días de partido en gris, días de entrenamiento en azul

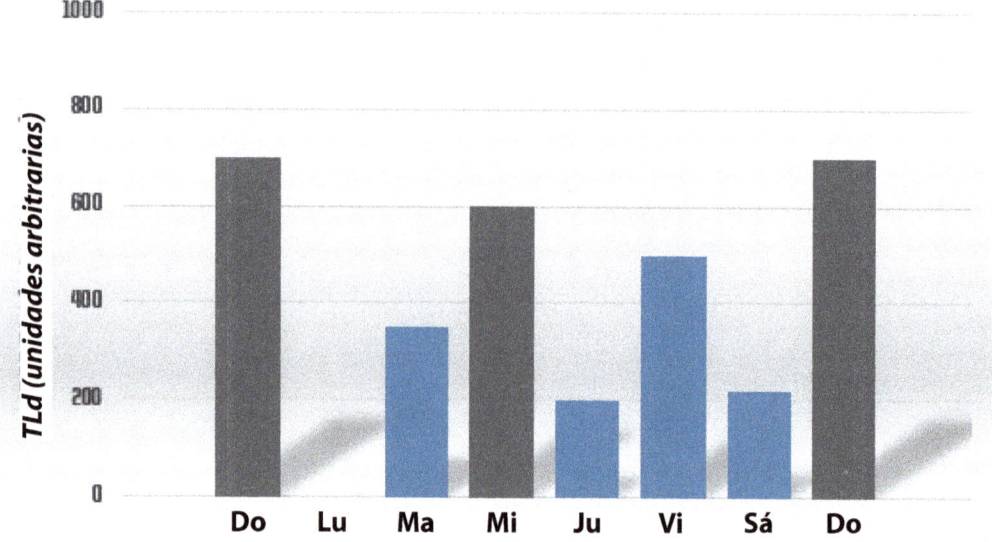

Figura 9. Un Partido por Semana (B)
* Días de partido en gris, días de entrenamiento en azul

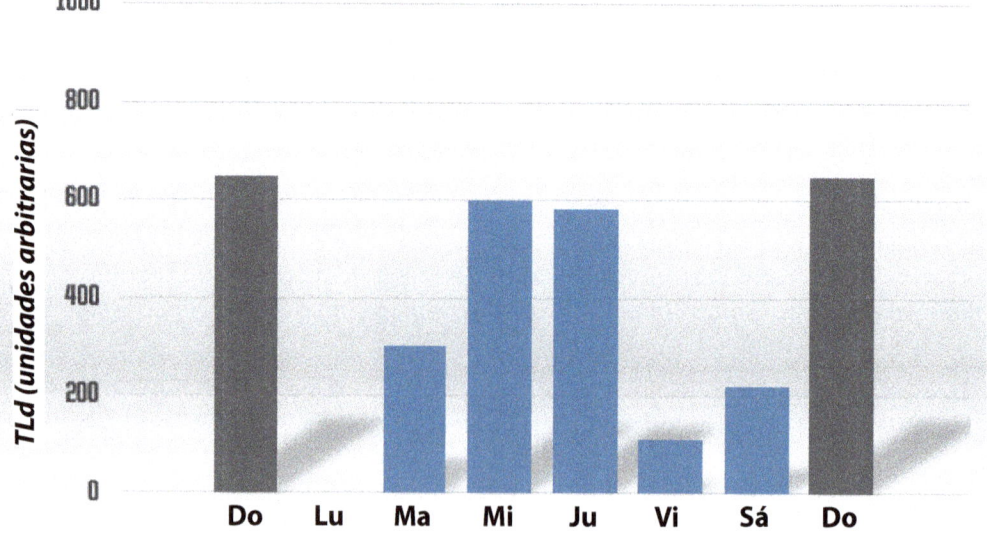

ENTRENAMIENTO Y FÚTBOL

FÚTBOL
Efectos de la Alta Densidad Competitiva

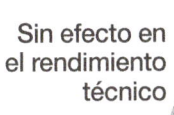

Sin efecto en el rendimiento técnico

Descenso de la Función Inmune

Posible, pero no sistemático, descenso en el Ratio de Recuperación del Estrés

Posible, pero no sistemático, descenso en el rendimiento físico

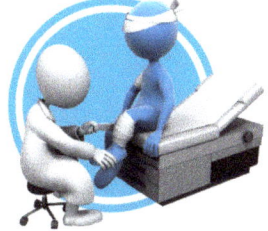

Posible, pero no sistemático, incremento en las lesiones musculares

Importante la rotación de jugadores y las estrategias de recuperación post partido

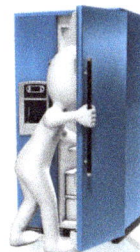

REFERENCIAS
Dupont et al., Int J Sports Med, 38(9), 2010
Carling et al., Int J Sports Med, 33(1), 2012
Bengtsson et al., Br J Sports Med, 47(12), 2013
Dellal et al., Br J Sports Med, 2013
Rollo et al., Int J Sports Physiol Perform, 9(3), 2014
Morgans et al., Res Sports Med, 2014
McCormack et al., Int J Sports Physiol Perform, 2014

Diseñado por @YLMSportScience

©SoccerTutor.com — Preparación Física En Fútbol Desde Una Aproximación Científica

ENTRENAMIENTO Y FÚTBOL

ALTA DENSIDAD COMPETITIVA: RENDIMIENTO FÍSICO Y TÁCTICO en el fútbol de élite

Por Fogaldo et al., JSS 2015

6 PARTIDOS EN CASA
de un Equipo Profesional Inglés Durante la Temporada Competitiva

PREMIER LEAGUE

3 partidos
≥ **6 DÍAS**
desde el partido anterior

3 partidos
3 DÍAS
desde el partido anterior

RENDIMIENTO FÍSICO
Medido por la distancia total recorrida y la distancia recorrida a diferentes velocidades

RENDIMIENTO TÁCTICO
Medido por el % de tiempo en el que el movimiento de los jugadores estuvo sincronizado (desplazamientos laterales y longitudinales)

Resultados

1 Sin diferencias en el rendimiento físico, aunque los jugadores pasaron más tiempo sincronizados durante los periodos de menor densidad competitiva frente a los de mayor densidad

2 Estas diferencias en la coordinación fueron particularmente evidentes a bajas velocidades y en parejas compuestas por jugadores que suelen estar más alejados, como centrales y extremos

Implicaciones Potenciales

Estos datos constituyen un punto interesante para los entrenadores, ya que los jugadores pueden necesitar intervenciones específicas de recuperación para hacer frente a las demandas del partido más allá de la recuperación física individual. Por ejemplo, los grupos de jugadores que presentaron un nivel de sincronización más bajo durante los partidos congestionados podrían beneficiarse de:

Sesiones específicas de posicionamiento grupal, complementarias o de recuperación física

Diseñado por @YLMSportScience

3. LA PREPARACIÓN FÍSICA EN EL FÚTBOL ACTUAL

ENTRENAMIENTO Y FÚTBOL

LA PREPARACIÓN FÍSICA EN EL FÚTBOL ACTUAL

¿Cómo pueden los entrenadores emplear un sistema o estilo de juego específico si los jugadores son incapaces físicamente de afrontar las demandas posicionales?

El desarrollo y mantenimiento de los aspectos clave del rendimiento físico durante la temporada es vital para el equipo, independientemente del nivel de la competición (Koutedakis, 1995). El desarrollo de los perfiles de rendimiento de los jugadores es un proceso complejo, debido a la diversidad de las demandas físicas del juego marcada por las diferencias posicionales.

Existen diferentes aspectos necesarios para competir en la élite, siendo fundamental para el éxito del equipo asegurar el nivel técnico, táctico, psicológico, físico y fisiológico a lo largo de las diferentes etapas durante la temporada (p. ej. pretemporada, temporada, final de la misma).

La literatura más reciente muestra que los entrenamientos físicos más funcionales (p. ej. trabajo aeróbico intermitente, ejercicios por posición específica, juegos reducidos), son cada vez más populares en la élite debido a su eficiencia y al hecho de que pueden influir a la vez sobre aspectos técnicos, tácticos y físicos (Hill-Haas et al., 2011; Dellal et al., 2011; Owen et al., 2011; Dellal et al., 2012; Owen et al., 2012). Según Kelly y Coutts (2007), los entrenadores se enfrentan continuamente a problemas relacionados con la aplicación de cargas de entrenamiento adecuadas durante la fase competitiva de la temporada, y deben asegurarse de que estas cargas se afrontan desde un punto de vista multifuncional.

Figura 10. Diagrama para Mostrar las Interacciones de los Componentes Clave del Rendimiento

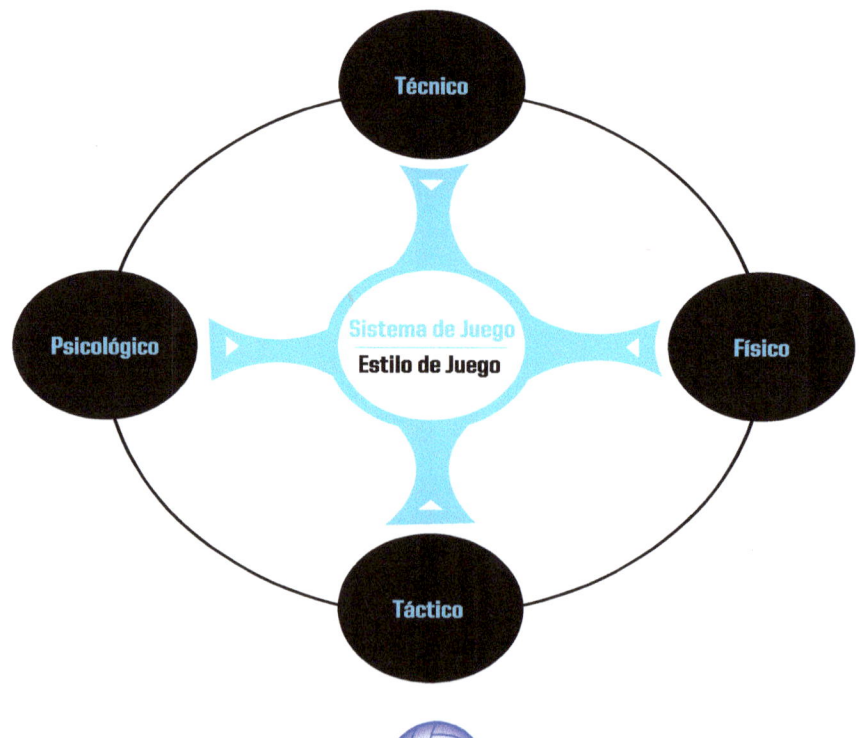

ENTRENAMIENTO Y FÚTBOL

PRETEMPORADA

Es vital la evaluación de los programas de entrenamiento en fútbol para determinar los puntos fuertes y débiles y la consiguiente eficacia de los métodos utilizados. La pretemporada da a los entrenadores la oportunidad de implementar una estructura periodizada con el objetivo de incrementar los aspectos físicos, técnicos y tácticos de los jugadores, en un proceso controlado.

Desde la fase de pretemporada en adelante, la oportunidad de mejorar continuamente los elementos del juego se lleva a cabo bajo un proceso un poco menos controlado, debido a las continuas exigencias impuestas al cuerpo técnico y a los jugadores durante los partidos de liga, europeos e internacionales, junto con los problemas adicionales de desplazamiento y logística que los rodean.

Medir las variables físicas clave de los jugadores antes del comienzo y hacia el final de la pretemporada, es un proceso que permitirá a los entrenadores conocer sus debilidades y posteriormente intentar mejorarlas a través de un entrenamiento específico.

A lo largo la pretemporada, el entrenamiento se centra en asegurar que se estimulan los grupos musculares y los sistemas de energía específicos de cada deporte con el fin de provocar adaptaciones positivas, lo que conduce a mejoras en la resistencia aeróbica, la fuerza, la velocidad y la potencia (Dellal, 2008). Por lo general, la pretemporada sigue un proceso de desarrollo de la forma física general y luego de la forma física específica, antes de pasar a la fase de preparación previa a la competición (*Figura 11*).

ASPECTOS CLAVE:
Durante la pretemporada, el entrenamiento se centra en asegurar que se estimulan los grupos musculares y los sistemas de energía específicos de cada deporte con el fin de provocar adaptaciones positivas, lo que conduce a mejoras en la resistencia aeróbica, la fuerza, la velocidad y la potencia.

Figura 11. Desarrollo de la Carga de Entrenamiento (Volumen e Intensidad) Durante la Fase de Pretemporada

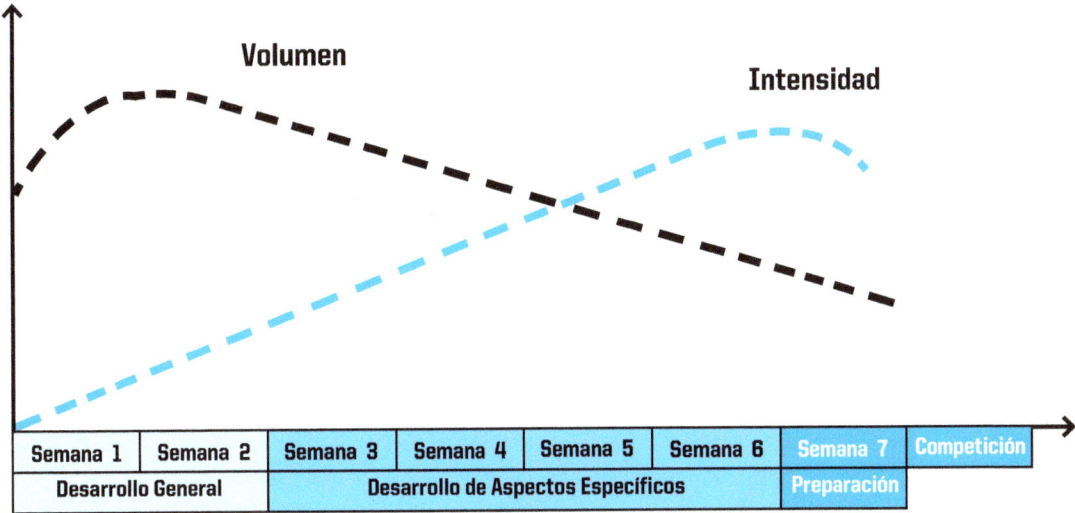

La naturaleza concurrente de las adaptaciones producidas por el entrenamiento de fuerza y el entrenamiento aeróbico de alta intensidad, ha mostrado cierta controversia en la literatura. Varios autores han cuestionado, dentro de un periodo concreto de tiempo, la capacidad de mejorar más de uno de estos aspectos clave del rendimiento físico del futbolista al mismo tiempo, (Dudley y Djamil, 1985; Sale et al., 1990; Bishop et al., 1999). Además, las investigaciones previas han sugerido que si se entrenan al mismo tiempo, el entrenamiento de resistencia de alta intensidad puede inhibir el de fuerza (Chromiac y Mulvaney, 1990; Hennessy y Watson, 1994). Adicionalmente, las investigaciones que han analizado los efectos fisiológicos de estos entrenamientos simultáneos han sugerido que no ha habido un enfoque sistemático conocido como "fenómeno de interferencia" entre estos dos modos de entrenamiento (Docherty y Sporer, 2000). Este argumento surge a partir de las investigaciones efectuadas en laboratorio que se centran en un entrenamiento concreto y efectúan una serie de investigaciones sobre ese método o modelo (Leveritt et al., 1999). Debido a las adaptaciones fisiológicas consecuencia de los diferentes protocolos de entrenamiento empleados para la mejora de la potencia aeróbica y la fuerza, Docherty y Sporer (2000), propusieron un modelo que puede ayudar a conocer el "fenómeno de interferencia (Figura 12), para permitir desarrollar las hipótesis que pueden predecir qué protocolos de entrenamiento conllevan un mayor o menor riesgo de interferencia al entrenar simultáneamente la fuerza y la resistencia.

Figura 12. Entrenamiento y Fenómeno de Interferencia (adaptado de Docherty y Sporer, 2000).

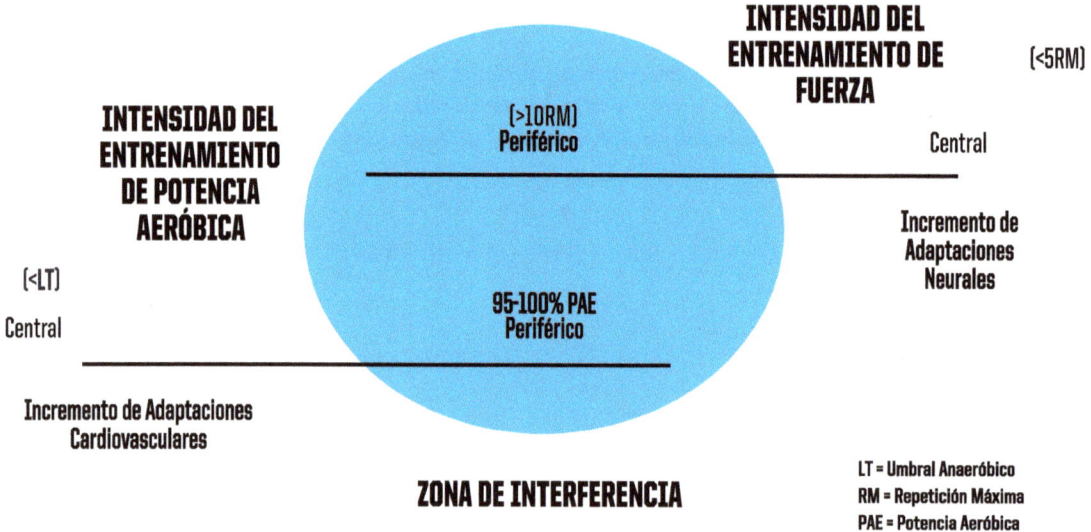

El modelo de la Figura 12, propuesto a partir de la investigación de los efectos concurrentes del entrenamiento aeróbico y de fuerza, se ha centrado fundamentalmente en la intensidad del entrenamiento, sugiriendo que existe una relación inversa entre la intensidad y el volumen de entrenamiento. Según Docherty y Sporer (2000), normalmente cuando la intensidad del entrenamiento de fuerza (características de la carga desplazada en el entrenamiento de fuerza) y aeróbico (%VO2max) se incrementa, el volumen (duración, series x repeticiones) desciende. Usando el modelo, la interferencia sería mayor cuando los deportistas emplean entrenamiento interválico de alta intensidad para mejorar la potencia aeróbica y un elevado volumen de entrenamiento de fuerza.

ENTRENAMIENTO Y FÚTBOL

La investigación reciente ha confirmado los efectos positivos al realizar ambos entrenamientos de forma concurrente (interválicos de alta intensidad y entrenamiento de fuerza) durante la pretemporada. Wong et al. (2010), concluyeron que:

- En pretemporada, es posible entrenar la fuerza muscular y efectuar carrera interválica de alta intensidad, para mejorar respectivamente el rendimiento explosivo del futbolista junto con su resistencia aeróbica continua e intermitente.

- Para minimizar el "fenómeno de interferencia", se recomiendan altas cargas con menos repeticiones en el entrenamiento de fuerza.

- De igual manera la carrera interválica de alta intensidad (p. ej. 15 segundos al 120% de la velocidad aeróbica máxima **VAM** con recuperación pasiva), podría ser empleada para mejorar la resistencia aeróbica (Dellal et al., 2010).

Además del trabajo positivo de pretemporada de Wong et al. (2010), Hoff y Helgerud (2002), y Vieira et al. (2012), mostraron que realizar un programa estructurado en pretemporada con el habitual 60-85% de la repetición máxima en el entrenamiento de fuerza, consiguió mejoras en la capacidad de salto, esprint en 10 m y otros test. Cuando analizaron el incremento del rendimiento aeróbico, encontraron que realizar un circuito específico con conducción y regates como parte de un entrenamiento aeróbico interválico de alta intensidad (4 x 4 minutos al 90-95% de la **FCmax**), mejoró los niveles de **VO2max** en jugadores profesionales de diferentes niveles competitivos (incluso jugadores de *Champions League*), sin el efecto interferente negativo sobre la fuerza medida por la capacidad de salto y esprint. Aunque las investigaciones de McMillan et al. (2005), y Helgerud et al. (2001), mostraron una mejora de la capacidad aeróbica sin implicaciones negativas sobre el rendimiento en la velocidad y la fuerza del jugador, la naturaleza de la "intervención específica" sobre el fútbol debería ser cuestionada. La literatura más reciente ha mostrado que los entrenadores tienden a incrementar la carga de entrenamiento manipulando el número de jugadores de las situaciones de juego reducido (**small sided games, SSG**) como sugirieron Owen et al. (2011). Según Dellal et al. (2011), este trabajo facilitaría una mayor motivación del jugador junto con la realización de movimientos y solicitación energética del propio deporte.

En general, la pretemporada es de vital importancia en muchos clubes profesionales para el rendimiento a largo plazo de los jugadores y su disponibilidad en partido y entrenamientos durante la temporada. La investigación ha mostrado que si el *staff* médico y técnico junto a los científicos del deporte no implementan una estructura periodizada, incrementando gradualmente el rendimiento físico de los jugadores, más lesiones pueden esperarse en la pretemporada debido a la sobrecarga de entrenamientos. Owen et al. (2013), encontraron que muchas de las lesiones musculares sufridas en la temporada ocurren en este periodo inicial, debido probablemente al incremento de la carga de entrenamiento o la ausencia de periodización de las mismas. Hasta la fecha, no conocemos ningún estudio que muestre que los jugadores que no realizan la mayor parte de la temporada pueden tener mayor riesgo de lesión durante la temporada, siendo necesaria más investigación al respecto para confirmar esta afirmación.

ASPECTOS CLAVE:

1. *En pretemporada, es posible entrenar la fuerza muscular y efectuar carrera interválica de alta intensidad, para mejorar respectivamente el rendimiento explosivo del futbolista junto con su resistencia aeróbica continua e intermitente.*

2. *Si el staff médico y técnico junto con los científicos del deporte no implementan una estructura periodizada gradual para incrementar el rendimiento físico del jugador, podría incrementarse la aparición de lesiones en pretemporada debido a la mayor carga soportada en este periodo.*

ENTRENAMIENTO Y FÚTBOL

INTERFERENCIA ENTRE FUERZA Y RESISTENCIA:
EL ROL DE LAS VARIABLES DE ENTRENAMIENTO

Por Jackson J. Fyfe • David J. Bishop • Nigel K. - Stepto Sports Medicine, 2014

El entrenamiento concurrente se define como la introducción simultánea de ejercicios de fuerza y resistencia en la planificación del entrenamiento. Además del potencial beneficio de esta combinación, la evidencia científica sugiere que esta combinación puede generar ganancias en la masa muscular, fuerza y potencia, comparado con no hacer ejercicio de fuerza alguno.

El entrenamiento concurrente puede dificultar la interacción molecular de forma directa inhibiendo la síntesis proteica, o de forma indirecta comprometiendo la calidad del entrenamiento de fuerza.
Mejorar el conocimiento de la contribución a la interferencia de las variables de entrenamiento es un aspecto crítico para conocer como maximizar el desarrollo simultáneo de la fuerza y la resistencia.

1 ORDEN EN LA SESIÓN

Realizar ejercicio aeróbico cerca del de fuerza, desciende la señal anabólica e incrementa la actividad catabólica, representando una aguda interferencia sobre las adaptaciones que conlleva el entrenamiento de fuerza. Se recomienda que ambos ejercicios se efectúen con periodos de recuperación suficientes para minimizar la interferencia y que el entrenamiento de fuerza preceda a los esprints repetidos, si ambos se realizan en la misma sesión.

2 PROXIMIDAD

Modos de ejercicios divergentes pueden ser realizados exitosamente en el mismo día sin comprometer la respuesta molecular en forma de síntesis proteica y biogénesis mitocondrial.
Sin embargo, no está del todo claro si con periodos más cortos de recuperación podría haber una interferencia molecular que dificultase las adaptaciones pretendidas.

3 INTENSIDAD DEL ENTRENAMIENTO

El ejercicio de resistencia de alta intensidad puede incrementar la interferencia molecular en comparación con el de baja intensidad. También este ejercicio aeróbico de la alta intensidad puede inhibir la posterior producción de fuerza, mientras que el ejercicio continuo de baja intensidad causaría menor fatiga residual.
Por último, una mayor intensidad se asocia a mayor depleción de glucógeno predominante en fibras tipo II, aumentando notablemente la posibilidad de fatiga residual.

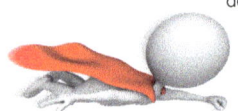

4 VOLUMEN DE ENTRENAMIENTO

Queda por determinar si el volumen o la frecuencia semanal de entrenamiento de resistencia, es el factor más crítico en la interferencia apreciada del entrenamiento concurrente. Si el volumen de entrenamiento de resistencia es clave, un volumen bajo de entrenamiento intermitente de alta intensidad podría ser beneficioso, limitando el potencial efecto interferente del volumen mientras ofrece un efecto metabólico de similar beneficio que el tradicional ejercicio de resistencia

5 MODO DE ENTRENAMIENTO

La mayoría de los estudios centrados en el entrenamiento concurrente que encontraron un efecto interferente emplearon el ejercicio en bicicleta de forma mayoritaria. Relativamente poco se sabe sobre el impacto del ejercicio de carrera en la respuesta aguda adaptativa post ejercicio del músculo esquelético, en comparación con la respuesta a nadar o efectuar el ejercicio en bicicleta.

Diseñado por @YLMSportScience

ENTRENAMIENTO Y FÚTBOL

¿CÓMO DE IMPORTANTE ES EMPEZAR BIEN LA TEMPORADA?

Por Lago-Peña y Jaime Sampaio, J Sports Sci, Abril 2015

Se registró el rendimiento en partido y el presupuesto de los clubes de la FA Premier League inglesa, Ligue 1 francesa, La Liga española, la Serie A italiana y la Bundesliga alemana

Cuanto mejor inicia la temporada un equipo, mejor clasificación a final de temporada

Se analizaron 3 temporadas consecutivas
DESDE LA 2010-2011 HASTA LA 2012-2013

Se encontró una mayor importancia de iniciar bien la temporada en los equipos con peor presupuesto

¿QUÉ SUGIERE ESTE ESTUDIO?

Los clubes con presupuesto medio y bajo pueden beneficiarse de una planificación de pretemporada dirigida hacia acelerar el proceso de obtención de resultados óptimos

Diseñado por @YLMSportScience

ENTRENAMIENTO Y FÚTBOL

ENTRENAMIENTO EN PERIODO COMPETITIVO

Para desarrollar y mantener un buen estado de forma física durante la temporada, se requiere que el trabajo del cuerpo técnico y médico sea el de una unidad estrechamente cohesionada. Este enfoque asegura que los datos de entrenamiento puedan ser analizados y monitorizados con el fin de proporcionar la intensidad de estímulo correcta para mejorar las cualidades físicas, reduciendo al mismo tiempo el riesgo de lesiones relacionadas con la sobrecarga y la fatiga. Dentro de la literatura que rodea al fútbol profesional de elite, la intensidad y la carga de entrenamiento han sido monitorizadas de muchas maneras diferentes. En la actualidad es habitual que los equipos de fútbol profesional de alto nivel controlen la carga de entrenamiento utilizando diversos equipos técnicos, como monitores de frecuencia cardíaca (Bangsbo et al., 2006; Owen et al., 2011) y sistemas de posicionamiento global (GPS) (Koklu et al., 2012; Owen et al., 2013). Los sistemas de FC y GPS proporcionan información importante sobre las demandas de entrenamiento externas (distancia, velocidad) e internas (frecuencia cardíaca), impuestas a los jugadores. Además de la tecnología utilizada para proporcionar información sobre la intensidad y características de las cargas de entrenamiento, la investigación al respecto ha defendido el uso de la percepción subjetiva del esfuerzo (Rate of Perceived Exertion, **RPE**) como un método alternativo, válido y fiable para calcular la intensidad del entrenamiento durante una temporada completa (Impellizzeri et al., 2004; Coutts et al., 2009).

Específicamente en fútbol profesional cuestiones clave como la calidad del rival, el número de días de entrenamiento entre partidos, así como cualquier desplazamiento asociado a la realización de los partidos, influyen en la intensidad de los entrenamientos semanales o mensuales. Entender estos factores de forma combinada puede servir de guía para la planificación semanal o mensual. Kelly y Coutts (2007), propusieron un modelo para deportes de equipo que podría ayudar a los entrenadores para el desarrollo de la carga adecuada de entrenamiento, anticipando la carga de los partidos de competición (Figura 13 abajo).

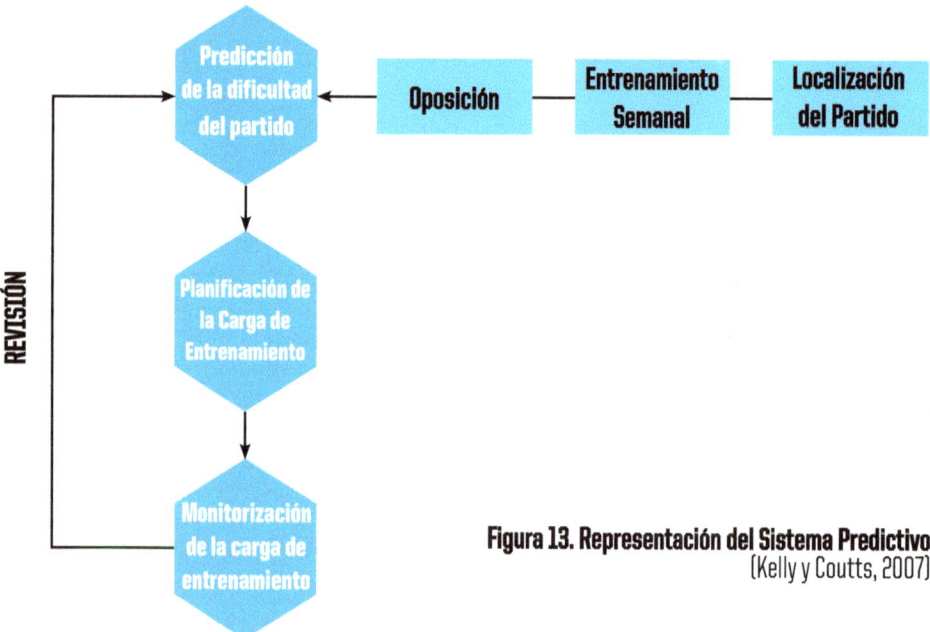

Figura 13. Representación del Sistema Predictivo
(Kelly y Coutts, 2007)

ENTRENAMIENTO Y FÚTBOL

En una aproximación similar Cormack (2001), sugirió un avanzado modelo de planificación del trabajo en un equipo de fútbol australiano. El modelo se centró en el número de días entre partidos en función de los efectos provocados por los viajes. Esta particular investigación mostró que los microciclos pueden ser manipulados para maximizar la recuperación, en conjunto con el desarrollo de los componentes técnicos y tácticos. El éxito de la planificación durante la temporada puede verse afectada por varios componentes, como el conocimiento de los procesos de entrenamiento afectados por la relación entre el trabajo y el descanso. Según Cormack (2001), existe una tendencia por parte del cuerpo técnico que le induce a reaccionar a situaciones, resultados del partido e intuición, más que a seguir un plan específico.

Kelly y Coutts (2007), propusieron en su modelo que cuando se prepara un partido de elevada dificultad (p.ej. rival importante, tiempo limitado de preparación, viaje largo), se puede tender hacia una planificación semanal con reducción de la carga de entrenamiento para minimizar el potencial de la fatiga acumulada. Por contra, suficiente tiempo de recuperación entre partidos combinado con un encuentro en casa contra un rival potencialmente asequible, puede proporcionar una adecuada oportunidad para incrementar la carga de entrenamiento para influir positivamente en el rendimiento condicional del equipo. Desde el punto de vista práctico, el desarrollo de los componentes técnicos, tácticos y físicos puede efectuarse desde un punto de vista más eficiente y productivo.

Los entrenadores tendrán que encontrar el balance correcto entre el descenso de la carga de entrenamiento para evitar la fatiga y el estrés, e incrementarla para mantener las mejoras del rendimiento. Esto tendrá que ser hecho con un rango de cargas de entrenamiento. Por ejemplo, futbolistas profesionales de Túnez durante varias temporadas mostraron que descender la carga de entrenamiento o incrementarla tuvo efecto potencial de desentrenamiento/sobreentrenamiento respectivamente. Cada jugador tiene que ser considerado individualmente por el cuerpo técnico, para encontrar el correcto balance de la carga de entrenamiento y poder gestionar el rendimiento individual, evitando situaciones de desentrenamiento/sobreentrenamiento.

Percepción Subjetiva del Esfuerzo (*Rate of Perceived Exertion*, RPE)

Con el sistema propuesto por Kelly y Coutts (2007) - **Figura 13** de la anterior página, a los jugadores se les pregunta por la percepción de su esfuerzo desde 1 a 10, siendo 1 un esfuerzo fácil y 10 muy difícil para cada sesión. Este dato posteriormente es multiplicado por la duración de la sesión de entrenamiento (minutos) para determinar la carga de entrenamiento. La simpleza de este sistema lo hace efectivo para cuantificar la carga de entrenamiento en deportes de equipo.

El objetivo del modelo de Kelly y Coutts (2007), fue describir un modelo simple que pueda ser utilizado para predecir la dificultad de los partidos en deportes de equipo, relacionándolo con la **RPE** para guiar el proceso de entrenamiento en estos deportes. Cuando desarrollamos un programa de entrenamiento en la fase competitiva de la temporada, es importante tener un sistema sencillo que permita una revisión sistemática para que los entrenadores puedan predecir la dificultad de cada partido, planificando la carga de entrenamiento semanal teniendo en cuenta ese aspecto.

ASPECTOS CLAVE:

1. *El nivel del contrario, número de días de entrenamiento entre partidos, así como los viajes necesarios para el desarrollo de la competición, deben influir en la determinación de la carga de entrenamiento semanal y mensual. Conocer estos factores debe servir de guía para planificar adecuadamente.*

2. *Cuando desarrollamos un programa de entrenamiento en la fase competitiva, es importante tener un sistema simple que permita ser sistemáticamente revisado y predecir la dificultad de cada partido, para tenerlo en cuenta en la planificación de la carga semanal y mensual.*

Mejora en Temporada Competitiva del Rendimiento Aeróbico y Anaeróbico

Anteriormente se ha discutido sobre la tendencia durante la pretemporada de centrarse en diferentes componentes del rendimiento físico con o sin el uso del balón. Durante el periodo competitivo, la prioridad es centrarse en las mejoras técnico/tácticas y asegurar el mantenimiento del rendimiento físico (Dupont et al., 2004). Se ha sugerido que debido a la elevada solicitación energética de los partidos, la carga semanal es mantenida para evitar la fatiga excesiva o la aparición del síndrome de sobreentrenamiento (Dupont et al., 2004). Estudios recientes han analizado los cambios del rendimiento físico de los jugadores a lo largo de la temporada (McMillan et al., 2002; Haritonidis et al., 2004; Metaxas et al., 2006). McMillan et al. (2005), encontraron menores valores de concentración de lactato a diferentes velocidades durante la temporada, relacionándose con una mejora del rendimiento físico. En otros casos, al emplear la **FC** como herramienta para monitorizar cambios en el rendimiento, los jugadores pueden mostrar menores valores para una misma intensidad de ejercicio conforme avanza la temporada, en comparación con el inicio de la misma.

Intervenciones que incluyen entrenamiento específico y no específico durante la temporada competitiva, han mostrado efectos positivos en el rendimiento aeróbico y anaeróbico. Hay estudios que han mostrado mejoras significativas en el **VO2max** (Hoff y Helgerud, 2004; McMillan et al., 2005) y la velocidad aeróbica máxima (**VAM**) (Dupont et al., 2004), con el uso de intervenciones de alta intensidad no específicas del fútbol. Por otro lado, la integración periodizada durante este periodo de las situaciones de juego reducido ha conllevado mejoras significativas en el **RSA** (p. ej. menor tiempo total y menor % de pérdida) como muestra la Tabla 4 (Owen et al., 2012). También se encontraron mejoras en la economía de carrera a través de menor consumo de oxígeno y menores valores de **FC**. Los resultados de este estudio ponen de manifiesto que sesiones específicas de fútbol pueden ser usadas como una alternativa a los métodos de entrenamiento tradicionales, para mejorar el rendimiento físico en el periodo competitivo de los futbolistas de élite. Según el conocimiento del autor, el estudio de Owen et al. (2012), es el único publicado en revista de impacto que efectúe una intervención sobre los jugadores por medio de **SSG** para la mejora del rendimiento físico.

Tabla 4. Efecto de una Intervención con Situaciones de Juego Reducido (Small Sided Games, SSG) en el Rendimiento Físico del Futbolista (a partir de Owen et al., 2012).

RSA	PRE-SSG	POST-SSG
10m Mesp	1,77	1,75
20m Mesp	3,08	3,06
TT	18,96	18,61
% Pérdida	2,43%	1,48%

RSA = Capacidad de Repetir Esprints (Repeated Sprint Ability)
PRE-SSG = Datos antes de que los jugadores realizasen al intervención
POST-SSG = Datos después de realizar la intervención
MEsp = Mejor Esprint (segundos)
TT = Tiempo Total (segundos)

ENTRENAMIENTO Y FÚTBOL

MITAD DE TEMPORADA

Parece que muchos clubes de fútbol implementan baterías de test fisiológicos a lo largo de la temporada (generalmente pretemporada, a mitad de temporada y al final), lo que permite analizar la tendencia de las variables fisiológicas evaluadas.

Los trabajos publicados en este área tienden a destacar los efectos en el futbolista de diferentes métodos de entrenamiento aplicados sobre la capacidad aeróbica, velocidad, potencia y resistencia a la velocidad a lo largo de la temporada (Ostojic, 2003; McMillan et al., 2005; Clark et al., 2008; Jastrzebsk et al., 2011). Estas investigaciones revelan opiniones contrastadas sobre el estado físico de los futbolistas en función del momento en el que se efectuaron las intervenciones de entrenamiento. Jastrzebsk et al. (2011), mostraron que los jugadores del primer equipo que más veces estuvieron disponibles para competir y que más minutos jugaron durante la temporada, tuvieron mayor rendimiento aeróbico (VO2max) en la mitad de la temporada, mientras que los jugadores sustitutos con menos minutos lo tuvieron al final de la misma. Al comparar estos datos con los previamente publicados, incluyendo intervenciones de alta intensidad específicas de fútbol o más analíticas, existe cierta controversia desde un punto de vista fisiológico (Dupont et al., 2004; Hoff et al., 2004; McMillan et al., 2005; Owen et al., 2012). Esta controversia encontrada puede deberse a las diferentes metodologías y grupos de sujetos empleados en cada uno de los estudios.

Owen y Wong (2009), mostraron que a medida que progresaba la temporada de un equipo de fútbol profesional inglés, el volumen mensual de entrenamiento de alta intensidad descendía (Tabla 5 de la siguiente página).

Estudios previos han mostrado que la distancia total recorrida (**DTR**), distancia recorrida a alta intensidad y la distancia recorrida en esprint de jugadores de élite durante los partidos, se incrementó a lo largo de la competición (Mohr et al., 2003; Rampinini et al., 2007). Por lo tanto sería razonable sugerir que la reducción en el volumen de entrenamiento de alta intensidad a partir de la mitad de la temporada, estaría relacionado con la planificación a largo plazo que buscaría asegurar el mejor rendimiento físico y disponibilidad del jugador, mientras que evitaría la fatiga acumulada que podría desembocar en la aparición de lesiones.

Otra explicación posible para el descenso del volumen de entrenamiento de alta intensidad se debería al mayor tiempo dedicado a aspectos técnicos y tácticos, más que a los aspectos meramente físicos, aunque sería necesaria la realización de más investigaciones que justificasen este argumento.

ASPECTOS CLAVE:

1. *Los jugadores del primer equipo con mayor disponibilidad en partido y tiempo de juego a lo largo de la temporada, registraron los niveles más altos de rendimiento aeróbico (VO2max) a mitad de temporada, mientras que los jugadores suplentes con menos minutos de juego obtuvieron mayor nivel al final de la misma.*

2. *En jugadores de fútbol de élite, la distancia total recorrida (DTR), la recorrida a alta intensidad y en esprint en partido se incrementó a lo largo de la temporada competitiva.*

3. *La reducción en el volumen de entrenamiento, mientras la intensidad permanece constante desde la mitad hasta el final de la temporada competitiva, asegura la adecuada progresión en el rendimiento físico evitando la acumulación de fatiga y la posible aparición de lesiones asociada.*

Tabla 5. *Volumen (minutos) Mensual de Entrenamiento de Alta Intensidad (>85%FCmax) (a partir de Owen y Wong, 2009).*

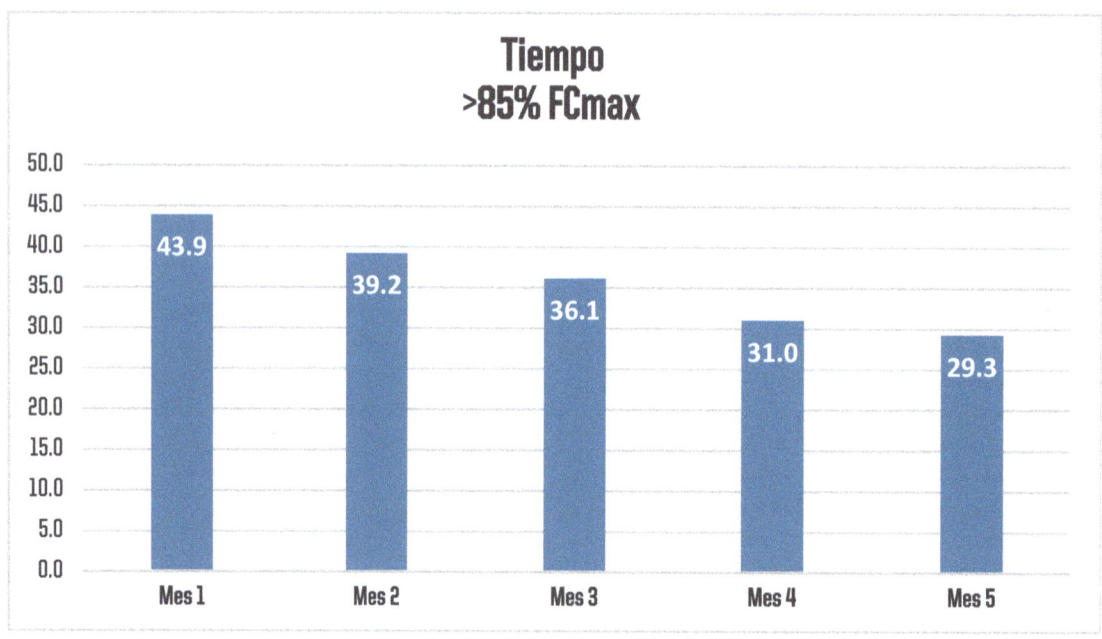

ENTRENAMIENTO Y FÚTBOL

EFECTOS DEL ENTRENAMIENTO INTERVÁLICO CORTO DURANTE LA TEMPORADA COMPETITIVA EN EL RENDIMIENTO FÍSICO Y LA FATIGA EN JUGADORES JÓVENES DE ALTO NIVEL

Por O. Faude, A. Steffen, M. Kellmann y T. Meyer, IJSPP, Noviembre 2014

El objetivo fue analizar el rendimiento y los efectos sobre la fatiga de trabajar con Situaciones de Juego Reducido (*Small Sided Games*, SSG), o realizar entrenamiento Interválico de Alta Intensidad (*High Intensity interval Training*, HIIT) durante 4 semanas en futbolistas jóvenes de alto nivel

¿QUÉ HICIERON?

- Participaron 19 futbolistas de 4 equipos (<16,5 años) de las dos mejores ligas alemanas.
- Los equipos fueron aleatoriamente asignados a 2 tipos de entrenamiento (ambos 2 sesiones semanales): un grupo comenzó con SSG, mientras que el otro realizó HIIT durante la primera parte de la temporada competitiva. Tras el parón invernal, los dos grupos intercambiaron el tipo de entrenamiento.

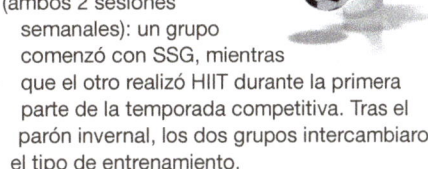

ANTES Y DESPUÉS DEL PERIODO DE ENTRENAMIENTO

| Cuestionario | Concentración de Creatin Kinasa y Urea | Altura de Salto (CMJ y Drop Jump) | Rendimiento en Esprint Lineal y con Cambio de Dirección | Situaciones de Juego Reducido | Test de Resistencia |

¿QUÉ ENCONTRARON?

- Se observaron efectos significativos en el tiempo sobre el umbral anaeróbico (+1%), pico de frecuencia cardiaca (-2%) y CMJ (-2%), sin interacción significativa entre grupos.
- Jugadores con menor umbral anaeróbico en el pretest tuvieron mayores mejoras que los que tuvieron mejor rendimiento (+4% vs 0%). Se encontró un descenso significativo en la recuperación total (-5%) y un incremento en la concentración de urea (+9%).

CONCLUSIONES E IMPLICACIONES PRÁCTICAS

1. 4 semanas de entrenamiento de resistencia durante la temporada puede conllevar moderadas adaptaciones en la capacidad de resistencia, sobre todo en jugadores con bajos niveles de rendimiento. Los jugadores que ya poseían un buen rendimiento no parecen beneficiarse del entrenamiento intensivo adicional.

2. Los efectos del entrenamiento fueron independientes al método empleado (SSG o HIIT).

3. Desde un punto de vista práctico, debe ser destacado que el HIIT necesita solo el 63% del tiempo empleado en el entrenamiento con SSG.

4. Por contra, las SSG permiten un entrenamiento táctico y técnico con condiciones similares al juego real.

5. El ligero descenso en la altura del CMJ y la recuperación total, junto con el incremento en la concentración de urea, podrían interpretarse como síntomas iniciales de fatiga por el ejercicio intenso adicional realizado en el periodo competitivo. Por tanto, este tipo de entrenamiento debe ser aplicado con cautela en jugadores con problemas en la recuperación y tener en consideración su posible incidencia en el sobreentrenamiento.

CMJ = *Salto con Contramovimiento (Counter Movement Jump)*

Diseñado por @YLMSportScience

PERIODO DE DESCANSO

Este periodo es vital para la recuperación y regeneración del futbolista. Dado que los jugadores que compiten en los equipos de fútbol europeos pueden entrenar y jugar de forma continua durante un período de 10 meses, es de vital importancia que esta fase del año se centre en lograr la recuperación y regeneración psicológica, física y fisiológica (Hawley y Burke, 1998; Wathen et al., 2000; Gamble, 2006). Además según Gamble (2006), el sentido común sugiere que durante este periodo los jugadores deben participar en actividades no específicas de su deporte sin supervisión y fuera de las instalaciones habituales. Esta actividad no estructurada e inespecífica podría tener una ventaja psicológica al evitar la monotonía propia de mantener el tipo de ejercicios realizados y las instalaciones de entrenamiento utilizadas.

Entrenamiento de Fuerza

Wathen et al. (2000), propusieron que en este periodo era vital que el entrenamiento de fuerza incluyera ejercicios no específicos, para aplicar una variación significativa en el estímulo al no incluir movimientos y ejercicios realizados durante la temporada competitiva. Los ejercicios generales de fuerza, con poleas y mono articulares podrían ser más apropiados en este momento (Siff, 2002). Además en esta línea se han sugerido actividades más recreativas y lúdicas, como la mejor manera de mantener la composición corporal y el rendimiento metabólico (Wathen et al., 2000).

Niveles de Acondicionamiento

En esta parte de la temporada es clave intentar mantener cierto nivel de rendimiento físico y reducir el riesgo de incrementar los niveles de grasa corporal. Debido al incremento en la velocidad e intensidad del juego y unido al tiempo de preparación limitado del futbolista de élite, es de vital importancia no perder toda la mejora del rendimiento físico obtenida durante la temporada. Según Mújika y Padilla (2000), durante este periodo el efecto del desentrenamiento es evidente. Hay consenso en torno a que el desentrenamiento es la pérdida parcial o incompleta de las adaptaciones inducidas por el entrenamiento como consecuencia del estímulo insuficiente de entrenamiento, dependiendo la magnitud de la pérdida del tiempo sin el estímulo adecuado (Hawley y Burke, 1998). Según Mújika y Padilla (2000), en atletas altamente entrenados se apreciaron rápidos descensos del *VO2max* y del volumen sanguíneo tras un periodo corto de desentrenamiento cardiorrespiratorio. Estos descensos son atribuidos a que los niveles de frecuencia cardiaca no son incrementados lo suficiente durante el ejercicio para contrarrestar la reducción en volumen de eyección y gasto cardiaco. Como consecuencia, el rendimiento físico desciende (Mújika y Padilla, 2000).

Para este periodo de descanso, el cuerpo técnico deberá establecer para los jugadores horarios de entrenamiento individuales y ciertas pautas nutricionales. Esto dependerá obviamente de la duración de este periodo. En general, los jugadores que han jugado la mayor parte de los partidos de la temporada deberían intentar conseguir una recuperación completa y seguir un comportamiento nutricional "libre". Los jugadores con menos minutos de juego o con porcentajes relativamente altos de grasa corporal retomarían antes el entrenamiento de resistencia, debiendo controlar muy bien su comportamiento nutricional.

A lo largo de la temporada, los entrenadores generalmente emplean un tiempo de entrenamiento alto en los aspectos técnicos y tácticos, dejando el apartado condicional para ser mantenido por medio de ejercicios técnico-tácticos y **SSG**. Sin embargo, la literatura reciente ha mostrado que durante la temporada es posible mejorar el rendimiento físico de los jugadores y como consecuencia el rendimiento del equipo, sin aumentar significativamente el volumen de entrenamiento, limitando los problemas relacionados con la fatiga y el posible síndrome de sobreentrenamiento (Dupont et al., 2004).

4. ENTRENAMIENTO ESPECÍFICO EN EL FÚTBOL DE ÉLITE ACTUAL

ENTRENAMIENTO Y FÚTBOL

EJERCICIO INTERMITENTE

Teniendo en cuenta la naturaleza intermitente de muchos deportes de equipo, el rendimiento en estos deportes ha sido estrechamente ligado a la velocidad, agilidad y fuerza del deportista. Por tanto, los jugadores deben entrenar para afrontar series de ejercicio a intensidad máxima, más que centrarse en la capacidad de mantener un rendimiento estable a intensidad submáxima (Bangsbo, 1994). Las personas involucradas en el desarrollo condicional del futbolista, deben priorizar la mejora de las variables fisiológicas que influyen significativamente en el rendimiento en deportes intermitentes, por medio de ejercicios específicos y programas dirigidos a la mejora de la fuerza (Hoff y Helgerud, 2004).

Según Dupont et al. (2004), desarrollar la resistencia por medio de carreras de corta duración ha mostrado mejorar los niveles de **VO2max** y retrasar la fatiga en atletas. Además, Balsom et al. (1992), indicaron que el entrenamiento intermitente de corta duración limitó la producción de lactato e incrementó el metabolismo del fosfato de creatina, aspectos vitales debido a la importancia para el rendimiento de la **PCr** (Impellizzeri et al., 2005) y el glucógeno muscular (Bishop et al., 2004) en este método de entrenamiento.

Según Buchheit (2008), las intensidades de carrera a intensidades casi máximas son generalmente individualizadas, basadas en la **velocidad aeróbica máxima (VAM)** del deportista. Esta velocidad indica la menor velocidad a la que se solicita el **VO2max** (Leger y Boucher, 1980; Dupont et al., 2004). Los métodos de entrenamiento de la **VAM** a menudo están compuestos por carreras de ida y vuelta, intentando introducir aceleraciones, deceleraciones y cambios de dirección, como patrones de carrera específicos de los deportes intermitentes (Buchheit, 2008) que pueden adaptarse a sesiones de entrenamiento anaeróbico mediante trabajo interválico corto. Además, cuando hablamos de estas series de carrera rápidas, que incluyen aceleraciones, deceleraciones y cambios de dirección, la literatura ha indicado que estos ejercicios crean una respuesta aguda hormonal y causan daño muscular localizado (Kuoppasalmi et al., 1980; Clarkson et al., 1992; Kuipers, 1994; Vuorimaa et al., 1999). El daño muscular y la fatiga han sido investigados midiendo cambios en proteínas miocelulares séricas como la creatin kinasa (CK), mioglobina (Mb) y la anhidrasa carbónica III (CA III) (Hortobagyi y Denahan, 1989; Komulainen et al., 1995). Como ha sido sugerido por Vuorimaa et al. (1999), la investigación endocrina en este área suele centrarse en los cambios hormonales de testosterona y cortisol, hormona leutinizante (LH) y folículo estimulante (FSH). El análisis hormonal en deportistas ha sido usado para chequear su nivel de adaptación al entrenamiento como parte de la monitorización (Adlercreutz et al., 1986), y determinar la actividad anabólica o catabólica inducida por el ejercicio (Schwarz y Kinderman, 1990; Vasankari et al., 1993).

La investigación publicada al respecto, ha mostrado que el entrenamiento de carrera intermitente en futbolistas tiene potencial para mejorar significativamente la resistencia del jugador y como consecuencia, el rendimiento en partido (Bisciotti et al., 2000; Dupont et al., 2004). Carreras intermitentes de 15 segundos al 120% de la VAM alternadas con 15 segundos de recuperación tuvieron éxito al solicitar y mantener un elevado consumo de oxígeno. El estudio de Dupont et al. (2004), consiguió una mejora del 8,1% en la velocidad aeróbica máxima **(VAM)** que pasó de 15,9 a 17,3 km por hora. Las mejoras obtenidas con este método de entrenamiento (15 segundos al 120% de la **VAM**), permitió un consumo de oxígeno elevado durante más tiempo en comparación con carreras intermitentes de 15 segundos al 110%, 130% y 140% de la **VAM**, y con carrera continua al 100% de la **VAM** (Dupont et al., 2002).

ENTRENAMIENTO Y FÚTBOL

En esta misma línea de trabajo Franch et al. (1998), mejoraron significativamente la **VAM** con 30-40 repeticiones de carrera de 15 segundos, alternadas con 15 segundos de recuperación pasiva, realizadas 3 días por semana durante 6 semanas. La importancia de la **VAM** en el fútbol de élite debe ser destacada pero al mismo tiempo es cuestionada como prueba funcional específica del fútbol, debido a que el jugador de élite rara vez sostiene intensidades altas de carrera durante periodos suficientes para solicitar la **VAM**.

Al igual que Dupont et al. (2004), Simoneau et al. (1985), encontraron que el entrenamiento con cerreras intermitentes de alta intensidad con cortos periodos de recuperación, permitió mejoras significativas en el VO2max y en la capacidad anaeróbica por medio de cambios positivos en la actividad fisiológica de las vías de obtención de energía aeróbicas y anaeróbicas (Tabata et al., 1996; Rodas et al., 2000).

Aunque el entrenamiento interválico anaeróbico de alta intensidad es regularmente planificado en la mayoría de los deportes de equipo, con el objetivo de mejorar el VO2max y la capacidad de reproducir series de ejercicios maximales o próximos a esa intensidad (Dupont et al., 2004; Hoff et al., 2005), Glaister (2005) ha sugerido por medio de una extensa investigación que la relación entre el VO2max y la capacidad de repetir esprints (*Repeated Sprint Ability*, **RSA**) no es clara. Esto podría deberse al hecho de que el rol del VO2max en el fútbol de élite es aún cuestionable, ya que las acciones directamente relacionadas con el resultado de los encuentros son efectuadas a máxima velocidad, en contraposición al trabajo aeróbico (Bangsbo, 1994) que sostiene el resto de acciones del partido. Sin embargo, parece que una mayor capacidad aeróbica jugaría un papel importante en la cinética de la recuperación en el ejercicio intermitente de alta intensidad (Tomlin y Wenger, 2002). La investigación previa ha encontrado una positiva relación entre los niveles elevados de VO2max, el rendimiento en partido y el incremento en la distancia recorrida a alta intensidad durante un encuentro de fútbol (Helgerud et al., 2001). Además Wong et al. (2009), destacaron que debido a que las acciones explosivas y la resistencia aeróbica son importantes para el rendimiento en fútbol, será necesario que los entrenadores mejoren simultáneamente estas capacidades en sus jugadores.

Figura 18. Entrenamiento Intermitente de Alta Intensidad (empleado por Dupont et al., 2004).

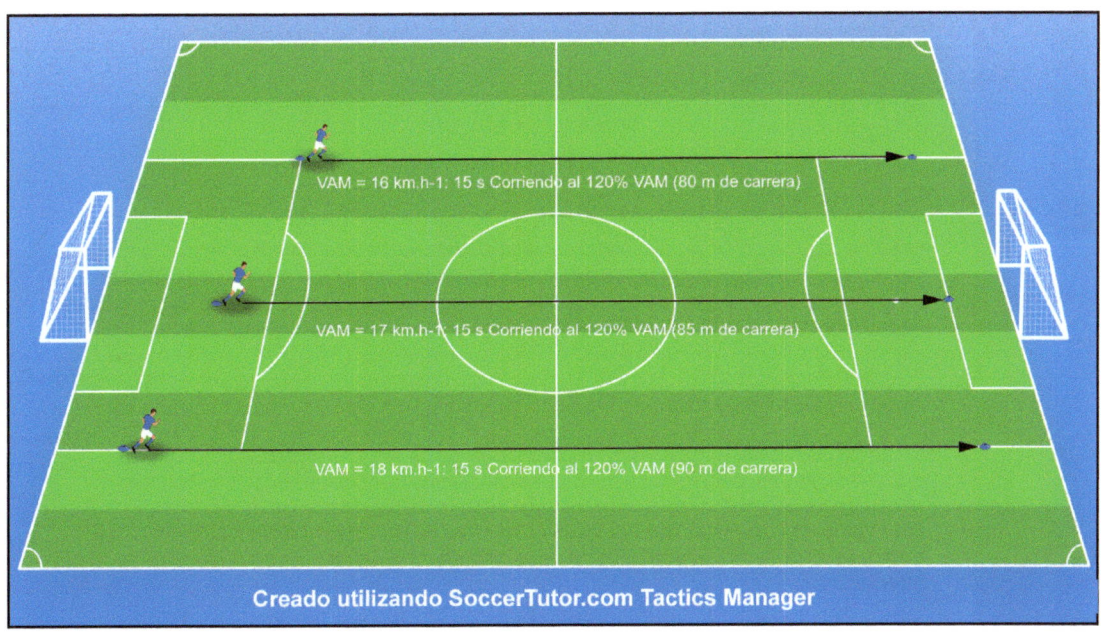

ENTRENAMIENTO Y FÚTBOL

MÉTODOS DE ENTRENAMIENTO

Tras la literatura discutida en esta sección y la información mostrada en la Tabla 6 (abajo) sobre los métodos de entrenamiento intermitente utilizados en el fútbol, se puede concluir que los técnicos involucrados en el desarrollo físico de los jugadores tienen varios métodos disponibles dentro del trabajo intermitente. Estos métodos pueden clasificarse o incluir la carrera en línea y los cambios de dirección, con o sin el balón.

Las investigaciones anteriores han intentado mostrar los efectos físicos, técnicos y psicológicos de la aplicación de estos métodos de entrenamiento con el objetivo de aumentar la eficacia de la sesión. Las respuestas fisiológicas del tradicional ejercicio intermitente de alta intensidad corriendo en línea han sido ampliamente estudiadas (Billat et al., 2002; Dupont et al., 2004). Los patrones de ejercicio y los perfiles físicos en los entrenamientos de fútbol y en los partidos de competición sugieren que los jugadores rara vez se mueven en línea recta en distancias moderadas o largas, por lo que sería más funcional y específico incluir los cambios de dirección como parte de las sesiones de entrenamiento intermitente.

Tabla 6. Indicaciones para el Empleo de Ejercicio Intermitente en Fútbol (según Dellal et al., 2010).

EJERCICIO INTERMITENTE (TRABAJO:DESCANSO EN SEGUNDOS)	INTENSIDAD (% VAM)	REC	SERIES x REP (minutos)	PERIODOS DE TRABAJO	PERIODOS DE REC	DISTANCIA DE CARRERA USADA
30:30 o 30:60	100%, 105% y 110%	Activa (50% of Max)	1 (11 min 30s)	12	11	42m
15:15 o 15:30	100%, 105% y 115%	Pasiva	1 (9 min 45s)	20	19	30m
10:10 o 10:20	110%, 115% y 120%	Pasiva	2 (6 min 50s)	21	20	21m
5:5 o 5:10	Máxima	Activa	2 (30s o 1 min)	6	20	13m

ASPECTOS CLAVE:

1. Los técnicos que participan en el desarrollo físico del futbolista, deben priorizar las mejoras de las variables fisiológicas claves que mejoran significativamente el rendimiento intermitente (p. ej. velocidad, agilidad, fuerza, resistencia, potencia). Esto debe conseguirse con ejercicios específicos de fútbol y programas adecuados para el entrenamiento de la fuerza.

2. El desarrollo de la resistencia a través de carreras intermitentes de corta duración ha mostrado mejorar el VO2max y retrasar la fatiga.

3. Como las acciones explosivas y la resistencia aeróbica son esenciales en el fútbol, los entrenadores deben mejorar simultáneamente estas capacidades en sus futbolistas.

4. Los jugadores raramente se mueven en línea recta sobre largas distancias. Por lo tanto, podría ser más específico introducir cambios de dirección en las sesiones de entrenamiento intermitente.

CAMBIOS DE DIRECCIÓN (CHANGES OF DIRECTION, COD)

La influencia fisiológica de los cambios de dirección (**COD**) dentro de series de carrera intermitente es menos conocida, especialmente en el fútbol profesional. Las respuestas a los **COD** pueden ser significativamente diferentes, debido a la necesidad de acelerar, decelerar e incrementar la implicación muscular conllevando un incremento de la carga interna que puede traducirse en mayores valores de frecuencia cardiaca. Dellal et al. (2010), propusieron un estudio con el objetivo de comparar el impacto fisiológico de carreras intermitentes con cambios de dirección de 180º, frente la carrera tradicional en línea. Los datos mostraron que la carrera intermitente con cambio de dirección implicó una mayor respuesta fisiológica que la carrera en línea recta, implicando en mayor grado al metabolismo anaeróbico y creando diferentes respuestas. Este estudio específico muestra a los entrenadores que cuando diseñan sesiones de trabajo intermitente, el uso de este tipo de carreras implicaría el empleo de movimientos más específicos siendo un trabajo más funcional y mejorando la eficiencia de la sesión.

Además, aunque existen evidencias científicas de las ventajas del entrenamiento interválico con cambio de dirección sin balón, es muy limitado el conocimiento sobre este mismo tipo de trabajo con balón. De igual manera que el trabajo de carrera con cambio de dirección ha mostrado una mayor carga fisiológica en comparación con la carrera en línea recta, el uso del balón también ha mostrado incrementar el coste fisiológico de la acción (Reilly, 2003). Según Reilly (2003), cuando los jugadores corren con el balón alteran el ritmo de carrera, en comparación con la carrera a la misma velocidad sin balón, acortando su longitud de zancada. Estos cambios mecánicos podrían contribuir al incremento del coste energético total de la carrera con balón (Reilly y Ball, 1984). Aumentar o disminuir la longitud de zancada más allá de la zancada normal del deportista provocaría el aumento del consumo de O2 para una velocidad dada. También el coste energético es mayor cuando en situación de partido el futbolista altera su ritmo de carrera, realiza una finta o un movimiento lateral de interceptación para enfrentarse a un oponente (Reilly y Ball, 1984; Reilly, 2003). La revisión de la literatura en esta área sugiere que se pueden incluir movimientos funcionales más apropiados, específicos del fútbol, para inducir respuestas fisiológicas significativamente mayores durante las sesiones de carrera intermitente. La implicación de los **COD** y la posesión del balón debería permitir que las sesiones de entrenamiento no sólo sean más específicas en relación con la recreación del perfil de movimiento de los jugadores, sino que lo que es más importante, aumente la motivación de los jugadores dentro de la sesión de entrenamiento desde una perspectiva psicológica.

ASPECTOS CLAVE:

1. *Cuando se diseñan programas de entrenamiento intermitentes, el uso de movimientos más específicos puede llevar a mejorar la eficiencia de la sesión.*

2. *Correr con balón acorta la longitud de zancada en comparación con correr sin balón a la misma velocidad. Estos cambios mecánicos contribuyen a aumentar el consumo total de energía. La implicación de los cambios de dirección y la carrera con balón permiten que las sesiones de entrenamiento sean más específicas a la hora de recrear los movimientos necesarios en un partido de competición.*

3. *Los movimientos funcionales y específicos del fútbol también provocarán respuestas fisiológicas significativamente mayores durante las sesiones de carrera intermitente.*

Figura 19. Respuesta Fisiológica a Correr a Diferentes Velocidades con o sin Balón

* La Figura muestra que el coste de correr con balón es mayor que correr sin balón.

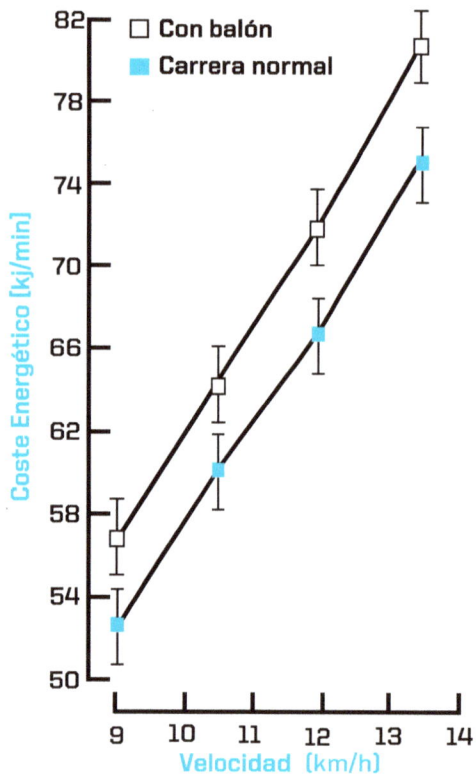
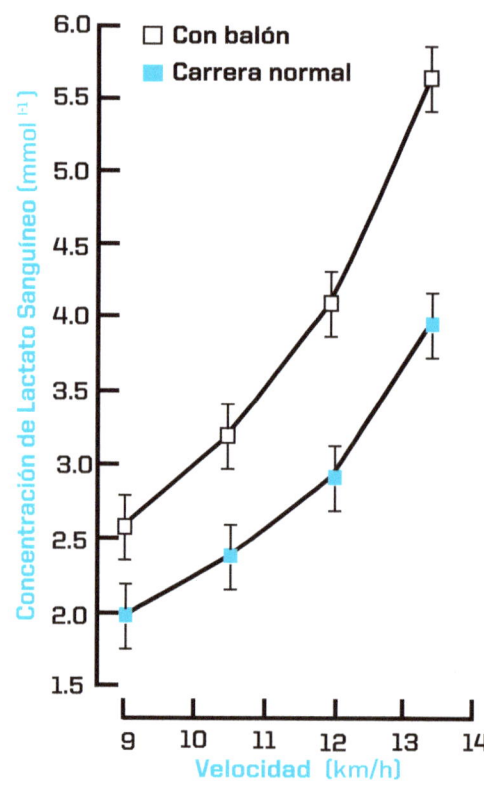

ENTRENAMIENTO Y FÚTBOL

EFECTOS DE UN VOLUMEN BAJO DE ENTRENAMIENTO INTERVÁLICO DE ESPRINT EN EL DESARROLLO Y MANTENIMIENTO DEL RENDIMIENTO AERÓBICO DEL FUTBOLISTA

Tom W Macpherson y Matthew Weston
Int J Sport Perf Physiol, Septiembre 2014

El principal objetivo del estudio fue examinar la efectividad de un volumen bajo de entrenamiento de esprint en lugar del normal entrenamiento aeróbico en futbolistas. Para ello se midió el efecto sobre el rendimiento aeróbico de una intervención de 2 semanas de entrenamiento de esprint (parte 1). Un segundo objetivo fue examinar el efecto de una sesión de esprint por semana en el mantenimiento del rendimiento aeróbico del futbolista.

En la primera parte del estudio, la intervención de dos semanas tuvo un efecto pequeño y beneficioso sobre el rendimiento en el YoYo test (+17 ± 11%) y el VO2max (3,1 ± 5%), en comparación con el grupo control.

En la segunda parte del estudio, una sesión de esprints semanal durante 5 semanas tuvo un efecto pequeño y beneficioso en el VO2max (+4,2 ± 3%), con un efecto incierto en el YoYo test (+8 ± 16%).

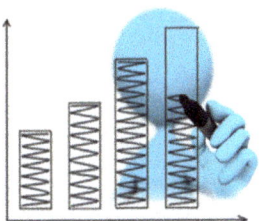

PARTE 1 Y PARTE 2

Participaron en el estudio 23 jugadores semiprofesionales, de los que 14 participaron en las dos semanas de entrenamiento de esprint (6 sesiones de entrenamiento de 4-6 esprints de 30 s, en lugar del entrenamiento aeróbico), y 9 formaron el grupo control (continuaron con su entrenamiento normal).

Tras esta intervención de 2 semanas, el grupo de entrenamiento de esprint fue dividido en otro grupo de intervención (7 jugadores realizaron 1 sesión de esprints semanal en lugar de su entrenamiento aeróbico) y grupo de control (7 jugadores que hicieron su entrenamiento aeróbico normal), durante 5 semanas.

MEDICIONES

Se midió antes y después de la intervención el rendimiento en el YoYo Test de Recuperación Intermitente (Nivel 1) y el Consumo Máximo de Oxígeno (VO2max).

CONCLUSIONES E IMPLICACIONES

"Dos semanas de bajo volumen de entrenamiento de esprints consiguieron pequeñas mejoras en el rendimiento en carreras de alta intensidad y VO2max de los futbolistas, siendo una alternativa adecuada al entrenamiento aeróbico tradicional. Aunque el rendimiento físico del jugador es secundario con respecto a su capacidad técnico/táctica, una inadecuada preparación física podría limitar su desempeño en partido. Sin embargo, la preparación física siempre se ve afectada ante la alta densidad competitiva. Además, la necesidad de resultados puede acelerar la vuelta a la competición de los jugadores lesionados. Teniendo en cuenta estos problemas, los métodos de entrenamiento eficientes en el tiempo como el empleado en este estudio, podrían ser atractivos para el fútbol y otros deportes de equipo, ya que pueden aportar soluciones a las complejidades ya mencionadas del diseño de programas de entrenamiento".

Diseñado por @YLMSportScience

VELOCIDAD, CAPACIDAD DE REPETIR ESPRINTS (REPEATED SPRINT ABILITY, RSA) Y AGILIDAD

Entrenar para los Momentos Decisivos

Según Little y Williams (2005), la capacidad de producir movimientos a máxima velocidad ha mostrado tener un impacto significativo en el rendimiento en partido. Incluso cuando esas acciones a alta velocidad significan solo el 11% de la distancia total recorrida (**DTR**), está bien documentado (Rampinini et al., 2009) que en élite las acciones cortas predominantemente anaeróbicas constituyen las acciones más cruciales del juego (p.ej. esprintar y tirar a puerta, efectuar un desmarque de ruptura para recibir el balón o ganar un duelo por su posesión). Para entrenar y mejorar la capacidad del futbolista de reproducir esas acciones a alta velocidad, es necesario plantearlas dentro de un contexto competitivo y analizar lo que la literatura científica ha encontrado al respecto. Las investigaciones han propuesto que las acciones de alta velocidad o esprint dentro de la competición pueden ser categorizadas en acciones más específicas como la aceleración, la velocidad máxima, la agilidad (Little y Williams, 2005) y **RSA** (Girard et al., 2011).

Aceleración – Trineos Lastrados

Se ha sugerido que la aceleración es el cambo de velocidad que permite al jugador alcanzar umbrales de velocidad alta en un tiempo determinado. Muchos autores han encontrado mejoras en esta cualidad con el empleo de diferentes métodos. Por ejemplo, Zaferidis et al. (2005), y Spinks et al. (2007), emplearon trineos lastrados mejorando significativamente el tiempo en 0-20 metros. Si nos detenemos un poco más en el estudio de Spinks et al. (2007), encontraron que cargar el trineo con el 10% del peso corporal parece que no afecta la cinemática de la aceleración, pero implica una sobrecarga adecuada para esta acción en el deportista.

Estas mejoras en la aceleración tendrían que ver con la aplicación de fuerza horizontal por medio del reclutamiento de los extensores de cadera y rodilla. Spinks et al. (2007), también concluyeron que el 10% del peso corporal empleado como lastre en el trineo implicó un incremento del tiempo de contacto en el suelo en el primer paso y una mayor aceleración horizontal en el movimiento de oscilación del brazo, aspectos claves de la fase de aceleración en el desarrollo del esprint. Harrison y Bourke (2009), emplearon trineos lastrados con jugadores de rugby profesionales y una carga del 13% del peso corporal 2 veces a la semana durante 6 semanas (6 esprints de 20 metros). Encontraron mejoras en 5 metros, pero no sobre la distancia de 30 metros. De nuevo, estos datos sugieren que los trineos lastrados inciden sobre la mejora de la aceleración en los metros iniciales del esprint, pero no sobre distancias mayores.

Ejemplo de Entrenamiento con Trineo Lastrado

Entrenamiento de la Fuerza Máxima

Como hemos discutido con anterioridad, para la mejora de la aceleración del futbolista no solo se han empleado trineos lastrados. Diferentes métodos han sido usados para desarrollar este aspecto clave del rendimiento. En concreto, el empleo del entrenamiento de fuerza máxima para desarrollar la velocidad ha sido propuesto por muchos autores (Wisloff et al., 2004; Wong et al., 2010). La relación encontrada entre la fuerza y la potencia y el tiempo en 10 y 30 metros han justificado estas intervenciones (Wisloff et al, 2004; Wong et al., 2010), esperando que un incremento en la aplicación de fuerza de los miembros inferiores del futbolista, resulte en un incremento en su capacidad de acelerar y efectuar movimientos determinantes en fútbol como los giros, saltos y movimientos breves e intensos relacionados con los cambios de posición (McMillan et al., 2005). Este razonamiento se basaría en la segunda Ley del Movimiento de Newton y la relación entre fuerza, masa (peso corporal más lastre del trineo) y aceleración.

FUERZA = MASA x ACELERACIÓN (F = MA)

Pocas intervenciones se han efectuado con futbolistas profesionales. En uno de ellos (Hoff y Helgerud, 2002), tras 8 semanas de intervención (3 sesiones de entrenamiento por semana) consiguieron mejoras significativas. El objetivo del estudio fue inducir adaptaciones neurales, realizando 4 series de 5 repeticiones con cargas superiores al 85% de la repetición máxima (1RM), haciendo énfasis en efectuar el movimiento a la máxima velocidad posible. **Una repetición máxima (1RM) es el mayor peso que se puede mover una vez en la realización de un ejercicio específico. Si con una carga dada se pueden efectuar 5 repeticiones, esa carga representaría 5RM.**

Los resultaros de la intervención mostraron un incremento de la 1RM en media sentadilla de 161 kg a 215 kg en un grupo de 8 jugadores. Además mostraron una mejora en la capacidad de producción de fuerza por unidad de tiempo (*rate of force development*, **RFD**) del 52% y una mejora en el esprint de 10 metros de 0,08 segundos y de 0,13 segundos en el de 40 metros. Helegrud et al. (2002), obtuvieron en otra intervención realizada con un equipo de *Champions League* durante 8 semanas en pretemporada (realizaron 4 series de 4 repeticiones con el 90% de 1RM, 2 sesiones por semana), mejoras en 1RM en media sentadilla (de 116 a 176 kg) y en el tiempo en 10 y 20 metros (de 1,87 a 1,81 segundos y de 3,13 a 3,08 respectivamente). Interesantemente, estos resultados de Helgerud et al. (2002), y Hoff y Helgerud (2002), son contrarios a los encontrados por otros investigadores del área. Muchos investigadores no apoyan la opinión de que los movimientos rápidos y explosivos dentro del entrenamiento de fuerza son más efectivos que el entrenamiento tradicional con levantamientos lentos, cuando se trata de mejorar la función muscular. En la investigación de Blazevich y Jenkins (2002), los sujetos fueron divididos en dos grupos que entrenaron efectuando el movimiento rápido o lento durante 7 semanas con cargas del 30-50% y 70-90% de 1RM. Los resultados no revelaron diferencias significativas entre ambos grupos en el esprint, 1RM en sentadilla y torque en la extensión y flexión de cadera. Sin embargo, ambos grupos mejoraron en todas las variables. Además Young y Bilby (1993), compararon los efectos del entrenamiento lento o rápido en sentadilla durante un periodo de 7,5 semanas en el que los sujetos entrenaron 3 veces por semana. Los resultados coincidieron con la investigación de Bazevich y Jenkins 2002, mostrando mejoras significativas en 1RM, pico isométrico de fuerza, salto vertical y perímetro del muslo.

Velocidad Máxima

Esta variable ha sido descrita como la máxima velocidad que el futbolista puede alcanzar esprintando (Little y Williams, 2005), estando la velocidad presente en las acciones más frecuentes que acaban en gol o en asistencia (Faude et al., 2012). Little y Williams (2005), encontraron superior rendimiento en la velocidad de futbolistas profesionales comparados con la población general y futbolistas de menor nivel, sugiriendo que esta cualidad podría aportar cierta ventaja para el futbolista.

Intuitivamente los preparadores físicos usan regularmente ejercicios con alta implicación de la velocidad, favoreciendo a menudo la presencia de aceleraciones, para replicar los esfuerzos cortos e intensos que ocurren en partido.

Métodos de Entrenamiento Asistidos

Ebben et al. (2008), destacan como métodos de entrenamiento asistidos el entrenamiento en cinta rodante a alta velocidad y los esprints asistidos y en pendiente. El incremento de la frecuencia o longitud de zancada que pueden propiciar estos métodos justifica su empleo para la mejora de la velocidad (Hunter et al., 2004). La investigación previa sugiere que esprintar cuesta abajo puede mejorar la velocidad máxima (Costello, 1985), definida como la máxima velocidad que se puede alcanzar sin ayuda en un esprint sin pendiente (Facciono, 1994). Los estudios que han empleado estas pendientes normalmente utilizan una inclinación favorable de 3 grados. Paradisis y Cooke (2006), utilizaron una combinación de pendientes positivas y negativas de 3º, encontrando mejoras significativas en el tiempo en 35 metros frente al grupo que efectuó el mismo entrenamiento sin pendiente alguna. Este estudio puso de manifiesto que combinar el entrenamiento cuesta arriba y cuesta abajo mejoró la máxima velocidad en el esprint un 3,4% junto con un incremento similar en la frecuencia de zancada (sin cambios en la longitud de la misma). Un análisis más detallado reveló que el entrenamiento cuesta abajo (pendiente favorable) consiguió una mejora del 1,1 % en la velocidad máxima de carrera y un 2,4% en la frecuencia (de nuevo sin cambios en la longitud). Es necesaria más investigación al respecto que clarifique las pendientes y distancias más adecuadas en este tipo de trabajo.

Medición de la Velocidad

En situación de partido, se ha destacado como vital la capacidad de aceleración y la velocidad, registrándose esfuerzos de entre 1,5 y 105 metros (Little y Williams, 2005; Carling et al., 2008). En base a la opinión de los profesionales encargados de desarrollar la velocidad específica, debe tenerse en cuenta que la capacidad de repetir esprints (**RSA**), la aceleración, máxima velocidad y agilidad son cualidades distintas y deben ser medidas de forma aislada para analizar las posibles mejoras en el rendimiento (Zafeiridis et al., 2005). Además, en el caso del futbolista de élite la evaluación debería contener una prueba de aceleración de 10 metros, otra de velocidad lanzada de 20 metros y un test en zigzag de agilidad en combinación con los componentes específicos del entrenamiento (RSA, aceleración, agilidad, velocidad máxima).

Cambios de Dirección

Es vital para el futbolista generar acciones potentes en sus movimientos corporales, cambiar de velocidad o dirección, parar y de nuevo acelerar rápidamente, además de cualquier otro movimiento específico que implique un cambio rápido de dirección (**change of direction, COD**) (Sheppard et al., 2006; Markovic, 2007). Según Hewit et al. (2010), estos cambios específicos de dirección que implican que el jugador pare, gire, pivote y acelere de nuevo, pueden ser definidos y encuadrados dentro de la agilidad del movimiento. Lo que queda claro de estas sugerencias con respecto a la agilidad del jugador es que estos movimientos incluyen muchos factores y están compuestos de tres componentes principales (Hewit et al., 2010):

- Técnico
- Físico
- Perceptivo

Según Bullock et al. (2012), la agilidad debe ser descrita como "agilidad reactiva" debido a que se requiere una combinación de destrezas físicas (p. ej. velocidad y potencia) y cognitivas (toma de decisión), que cuando se desarrollan en conjunto resultan vitales para el rendimiento exitoso en deportes de equipo.

Velocidad y Agilidad

Recientemente, los programas de velocidad, agilidad y rapidez, han sido desarrollados y validados como métodos efectivos para mejorar las acciones relacionadas con la agilidad en el fútbol (Pearson, 2001; Palman et al., 2004). Estos métodos implican un sistema de ejercicios progresivos destinados a desarrollar principios clave para mejorar la capacidad del deportista para ser más hábil a altas velocidades (Pearson et al., 2002). De acuerdo con Bloomfield et al. (2007), este tipo de trabajo se cree que permite reaccionar más rápidamente a los estímulos, acelerar más rápida y eficientemente, y mejorar la efectividad en movimientos multidireccionales. Se afirma que estas mejoras se logran mediante el trabajo de aceleración en distancias cortas, desaceleraciones y cambios de dirección, integrando movimientos e implicando los brazos, así como con el trabajo con movimientos lineales, laterales, diagonales y verticales (Brown et al., 2000). Aunque existen algunas publicaciones sobre la agilidad en el fútbol, existe una limitación significativa en la investigación con respecto al uso de intervenciones de entrenamiento de agilidad a nivel élite.

Capacidad de Repetir Esprints (*Repeated Sprint Ability, RSA*)

Una vez expuestos los beneficios y los métodos que consiguen la mejora en las acciones cortas y explosivas vitales para el fútbol, es necesario destacar la necesidad de producir estos movimientos una y otra vez a lo largo de un partido. La importancia del *RSA* como requisito físico es determinante al igual que el conocimiento de las estrategias específicas de su entrenamiento. Rampinini et al. (2007), establecieron la validez de un test de *RSA* (6 x 40 metros seguidos de 20 segundos de recuperación entre esprints), revelando una relación significativa entre el tiempo total obtenido en esa prueba y la distancia total recorrida a alta intensidad durante un partido. Además encontraron una correlación significativa en partidos jugados por futbolistas de élite, entre el rendimiento en el test y la ***distancia recorrida a alta intensidad*** y en esprint.

No es de extrañar que se hayan publicado pocas investigaciones sobre estrategias de mejora del *RSA*, ya que es una cualidad que depende de factores metabólicos como la capacidad oxidativa y la recuperación de la fosfocreatina, y neurales como la activación muscular y las estrategias de reclutamiento (Bishop et al., 2011). Para el desarrollo de esta cualidad, los investigadores efectúan dos recomendaciones clave, siendo importante incluir:

1. Algún entrenamiento para mejorar el rendimiento del esprint, incluyendo el entrenamiento tradicional del mismo con ejercicios de fuerza y trineos.
2. La integración de entrenamiento interválico de alta intensidad (85–90% VO2max) para intentar mejorar la recuperación entre esprints.

Bravo et al. (2007), compararon los efectos del entrenamiento interválico de alta intensidad y el entrenamiento del *RSA*, sobre variables fisiológicas aeróbicas y anaeróbicas en futbolistas. En este estudio, los participantes fueron divididos en dos grupos:

1. **Grupo de Entrenamiento Interválico,** efectuaron 4 series de 4 minutos corriendo al 90–95% de la *FCmax*.
2. **Grupo de Esprints Repetidos,** realizaron 3 series de 6 esprints de 40 metros.

Los datos revelaron que solo el grupo de esprints repetidos mejoraron significativamente su *RSA*. La mejora en el *RSA* en este grupo (mejoraron el tiempo medio), parece que no se vio influida por la mejora aeróbica ya que ambos grupos mejoraron significativamente su *VO2max*. Según Bishop y Edge (2006), aunque el *RSA* puede estar parcialmente relacionado con la potencia aeróbica, la mejora en el tiempo medio puede reflejar una mejora del metabolismo anaeróbico que también es determinante en esta prueba y puede verse incrementado con el entrenamiento de esprints (Jacobs et al., 1987). Esto sugiere una mejora del rendimiento aeróbico genérico, sin incidir en la habilidad de recuperar entre esprints.

ENTRENAMIENTO Y FÚTBOL

ASPECTOS CLAVE:

1. *Aunque el esprint sólo representa el 11% de la carrera en un partido de fútbol, es mucho más prominente en los momentos clave de los partidos. La velocidad está presente con mayor frecuencia en la acción realizada por el jugador que marca o por el que le asiste.*

2. *De acuerdo con Ebben et al. (2008), los métodos asistidos incluyen el entrenamiento en cinta rodante de alta velocidad, la carrera en pendiente y ayudada, y se cree que aumentan la velocidad al mejorar la longitud o frecuencia de la zancada.*

3. *Cuando se busca desarrollar el RSA es importante incluir:*

   - *Entrenamiento para la mejora del esprint individual, incluyendo entrenamiento tradicional de esprint y de fuerza-potencia.*

   - *La integración de entrenamiento interválico de alta intensidad (85–90% VO2max) con el objetivo de mejorar la capacidad de recuperar entre esprints.*

Figura 20. Modelo Funcional de Agilidad (a partir de Hewit et al., 2010).

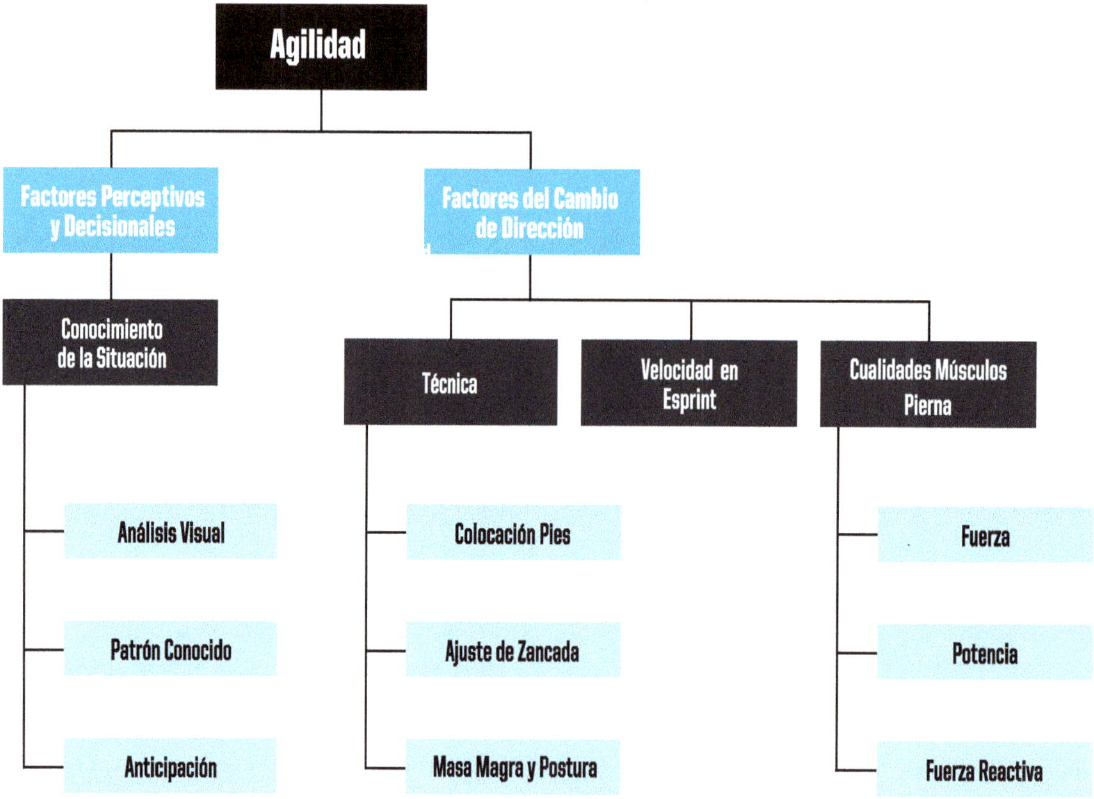

ENTRENAMIENTO Y FÚTBOL

"La velocidad puede ser una cualidad genérica, pero la mecánica horizontal que determina la aceleración y la velocidad máxima es diferente."

Mientras que el entrenamiento de la velocidad máxima puede mejorar la aceleración y la velocidad máxima, mejorar la capacidad de producción de fuerza horizontal puede ser eficiente para mejorar el esprint sobre distancias cortas.

Buchheit et al., Journal of Sports Sciences 2814101111.

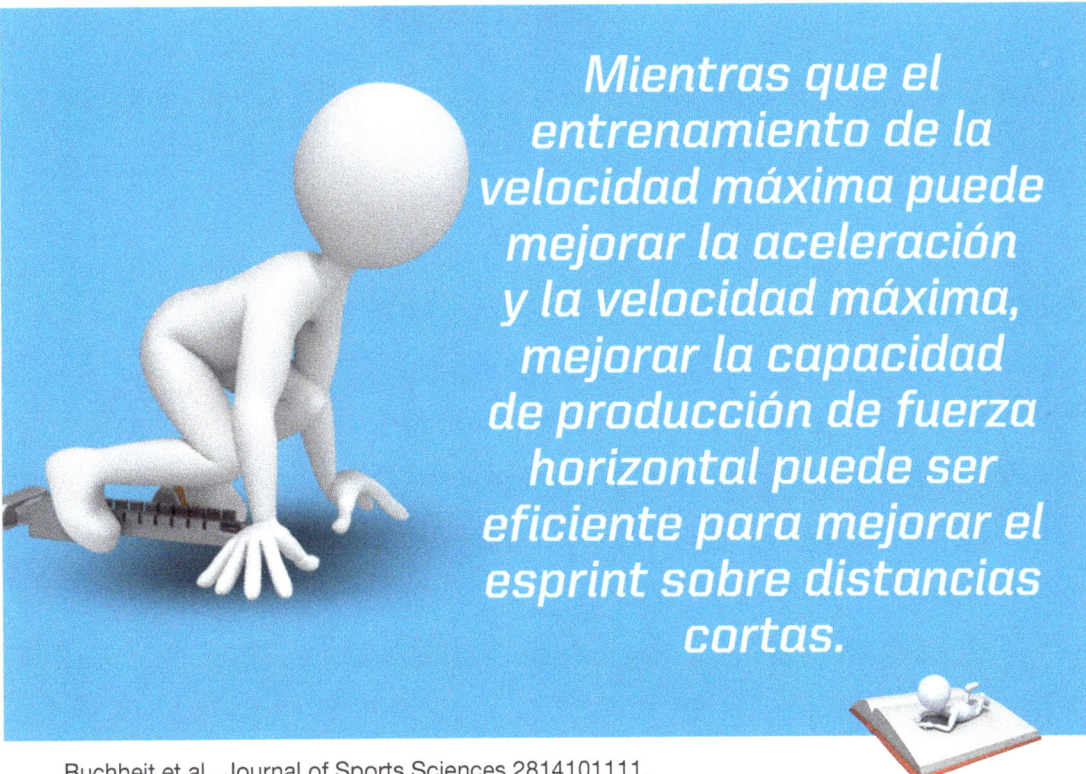

Diseñado por @YLMSportScience

ENTRENAMIENTO Y FÚTBOL

Capacidad de Repetir Esprints: Recomendaciones de Entrenamiento

Referencia: Bishop, Girard y Mendez-Villanueva, Sports Medicine, 2011

1. UN FACTOR DETERMINANTE

La capacidad de repetir esprints es un importante requerimiento en deportes de equipo, siendo fundamental conocer las estrategias de entrenamiento que pueden mejorar esta capacidad en el deportista.

2. DOS TEORÍAS

Sin una fuerte evidencia científica, 2 teorías han emergido. Una se basa en la especificidad del entrenamiento y mantiene que la mejor manera de mejorarlo es realizar esprints repetidos. La segunda propone que intervenir en los factores que limitan el RSA puede ser una aproximación más efectiva.

3. UN COMPONENTE COMPLEJO

RSA depende de factores metabólicos (p. ej. capacidad oxidativa y de recuperación de PCr) y neurales (p.ej. activación y estrategias de reclutamiento muscular), entre otros.

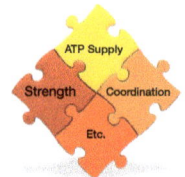

MÉTODOS DE ENTRENAMIENTO

4.

Pueden ser usadas diferentes estrategias para mejorar los factores potencialmente limitantes y como consecuencia el RSA.

  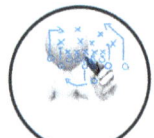 

5. CLAVE DE ENTRENAMIENTO, PRINCIPIO #1

Es importante incluir entrenamientos del esprint individual mediante (i) Entrenamiento Específico de Esprint; (ii) Entrenamiento de Fuerza/Potencia; y (iii) ocasionalmente Entrenamiento de Alta Intensidad (p.ej. 30 segundos de esfuerzo máximo repetido con 10 minutos de recuperación) para incrementar la capacidad anaeróbica.

6. CLAVE DE ENTRENAMIENTO, PRINCIPIO #2

También es importante incluir entrenamiento interválico para mejorar la capacidad de recuperar entre esprints (si el objetivo es mejorar la resistencia a la fatiga). El entrenamiento interválico de alta intensidad (80-90%V02max), con periodos de recuperación inferiores a los de trabajo, es eficiente para mejorar la capacidad de recuperar entre esprints incrementando el rendimiento aeróbico (V02max y umbral anaeróbico) y la velocidad de resíntesis de Pcr.

Diseñado por @YLMSportScience

SITUACIONES DE JUEGO REDUCIDO

La sugerencia de que las situaciones de juego reducido (*small sided games, SSG*) pueden simular la sobrecarga fisiológica que implica la competición, mientras al mismo tiempo se desarrollan aspectos técnicos y tácticos, las ha llevado a convertirse en un método de entrenamiento muy popular en los últimos años (Dellal et al., 2011; Owen et al., 2012). Desde una perspectiva práctica, el potencial para mejorar la capacidad aeróbica de los jugadores por medio de acciones con balón, permite un importante incremento en la motivación de los jugadores. Por tanto, las ventajas del empleo de *SSG* en lugar de los métodos genéricos de entrenamiento como las carreras continuas o interválicas son bastante evidentes. Sin embargo, se ha demostrado que manipular el tamaño del terreno de juego, el número de partidos jugados, la duración, el estímulo del entrenador y las restricciones técnicas altera gravemente las exigencias físicas y técnicas asociadas con las *SSG* (Owen et al., 2004; Rampinini et al., 2007; Owen et al., 2011; Hill-Haas et al., 2011). Recientemente ha habido un incremento importante en el número de publicaciones sobre el empleo de *SSG* como herramienta de preparación física en futbolistas profesionales. La comparación entre los efectos en futbolistas amateurs de emplear entrenamiento intermitente de alta intensidad o *SSG*, sobre el rendimiento aeróbico continuo e intermitente, mostró que ambas intervenciones fueron igual de efectivas para el desarrollo de la capacidad aeróbica y la capacidad de realizar ejercicio intermitente con cambios de dirección (*COD*). Además, estos dos métodos de entrenamiento durante 6 semanas pueden inducir efectos similares en la capacidad de recuperación, así como mejorar la capacidad del jugador de reproducir *COD* de 180º. Como resultado de este estudio (Dellal et al., 2012), los entrenadores pueden estar seguros de utilizar cualquiera de los dos métodos de entrenamiento para lograr el objetivo específico de la sesión de entrenamiento.

Tabla 7. Diseño Experimental de Dellal et al. (2012).

SEMANA	LUNES	MARTES	MIÉRCOLES	JUEVES	VIERNES	SÁBADO	DOMINGO
Bloque 1							
1		Vameval	Téc-Tác		Téc-Tác		Partido
2		Téc-Tác	30-15 IFT	Téc-Tác		Partido	
Bloque 2							
3		Sesión 1: 2vs2 o 30s-30s	Sesión 2: 2vs2 o 30s-30s		Téc-Tác		Partido
4		Téc-Tác			Téc-Tác		Partido
5		Sesión 4: 2vs2 o 15s-15s	Sesión 5: 2vs2 o 15s-15s	Téc-Tác		Partido	
6		Téc-Tác	Sesión 6: 2vs2 o 15s-15s		Téc-Tác		Partido
7		Sesión 7: 2vs2 o 10s-10s	Sesión 8: 2vs2 o 10s-10s	Téc-Tác		Partido	
8		Téc-Tác	Sesión 9: 2vs2 o 10s-10s		Téc-Tác		Partido
Bloque 3							
9		Téc-Tác	Vameval		Téc-Tác		Partido
10		Téc-Tác	30-15 IFT		Téc-Tác		Partido

ENTRENAMIENTO Y FÚTBOL

Además del estudio de Dellal et al. (2012), comparando los efectos del trabajo intermitente frente al uso de **SSG** en el rendimiento físico, otro estudio previo también examinó en jugadores profesionales de fútbol las diferencias en la respuesta de la **FC** ante un trabajo de **SSG** o un trabajo intermitente de corta duración (Dellal et al., 2008). Los datos mostraron que las **SSG** crearon un similar incremento en la respuesta de la FC que el trabajo corto intermitente de carrera, poniendo de relieve el hecho de que las **SSG** pueden ser empleadas para dar variedad y permitir al mismo tiempo la integración de aspectos físicos, técnicos y tácticos, consiguiendo la misma intensidad que un trabajo de carrera intermitente.

Teniendo en cuenta estos resultados, el análisis de los diferentes formatos de las **SSG** puede ayudar en el desarrollo y mejora del conocimiento de las adaptaciones que estos ejercicios implican. Franchini et al. (2010), investigaron varias duraciones de trabajo en una **SSG** (3vs3 + porteros) con el objetivo de analizar si el incremento en la duración de las series de trabajo afectaría a la intensidad del ejercicio y a las acciones técnicas realizadas por los futbolistas. Concluyeron, que el incremento en la duración de 2 a 6 minutos resultó en un descenso en la intensidad entre el 4º y 6º minuto de juego, sin influir en las acciones técnicas.

Según este estudio (Franchini et al., 2010), la variación en la **FC** (partidos de 4 minutos = 89,5% **FCmax**; partido de 6 minutos = 87,8% **FCmax**), probablemente no es suficiente para inducir diferentes adaptaciones, lo que implica que los entrenadores pueden usar ambas duraciones con un impacto mínimo en la intensidad del ejercicio y sin comprometer el rendimiento técnico. La reducción en la duración podría justificarse para evitar una fatiga excesiva, sugiriendo que jugar más de 4 minutos 3vs3 + porteros para inducir adaptaciones aeróbicas intermitentes de alta intensidad sería cuestionable, aunque parece necesaria más investigación al respecto.

Tras describir el estudio de Franchini et al. (2010), sobre el efecto de la duración del esfuerzo Owen et al. (2012), examinaron los efectos sobre el rendimiento físico (p. ej. velocidad, rendimiento aeróbico, **RSA**) de una intervención de 4 semanas durante el parón de invierno, empleando durante 7 sesiones el formato de juego 3vs3 + porteros en series de 3 minutos. El estudio reveló que:

- La intervención mejoró significativamente el esprint y la capacidad de repetir esprints (tiempo total y % de pérdida).

- También mejoró significativamente la economía de carrera (**EC**), en forma de descenso en el **VO2** y la **FC** a intensidades submáximas.

- Además, de este estudio se desprende que periodizar las situaciones de juego reducido durante el parón invernal, podría tener un efecto positivo en el sistema aeróbico y anaeróbico del futbolista.

En general, la investigación sobre las **SSG** ayuda a identificar y recomendar esta alternativa de entrenamiento, frente a las tradicionales y genéricas (p. ej. carrera interválica), para mejorar el rendimiento físico en jugadores de fútbol. Sin embargo, debe destacarse que estas situaciones recrean la situación de partido desde una perspectiva aeróbica, sugiriendo la literatura más reciente que el entrenamiento de las acciones a alta velocidad y los esprints en las **SSG** es cuestionable, debido a las limitaciones relacionadas con el tamaño de área empleado (Owen et al., 2013; Casamichana y Castellano, 2010).

Tabla 8. *Porcentaje Medio de la FC Reserva (%FCres) Durante Diferentes SSG y Diferentes Sesiones de Entrenamiento de Carrera Intermitente Corta* (Dellal et al., 2008).

	SITUACIONES DE JUEGO REDUCIDO					
	1vs1	2vs2	4vs4 + P	8vs8 + P	8vs8	10vs10 + P
% FCres	77,6	80,1	77,1	80,3	71,7	75,7
Inter-Sujetos CV (%)	11,12	10,83	13,87	15,6	8,79	10,4

	CARRERA INTERMITENTE					
	10-10s 110% VO2max	30-30s 100% VO2max	30-30s 100% VO2max	15-15s 100% VO2max	5-20s 120% VO2max	
% FCres	85,8	77,2	85,7	76,8	80,2	—
Inter-Sujetos CV (%)	4,5	5,97	5,27	5,2	8,5	—

CV = Coeficiente de Variación

Muestra la variación media de los jugadores evaluados en este tipo de sesiones. A mayor valor, mayor es la variación de la intensidad por jugador. Existe menor variación en el entrenamiento de carrera, sin embargo similar respuesta de FC y mayor motivación al emplear SSG. Estas diferencias podrían deberse también a las diferentes posiciones específicas empleadas en las SSG.

Figura 21. *Ejemplo de Frecuencia Cardiaca (FC) (8 x 3 Minutos SSG, 3vs3 + Porteros).*
* *Jugador que compite en Champions League y competiciones internacionales*

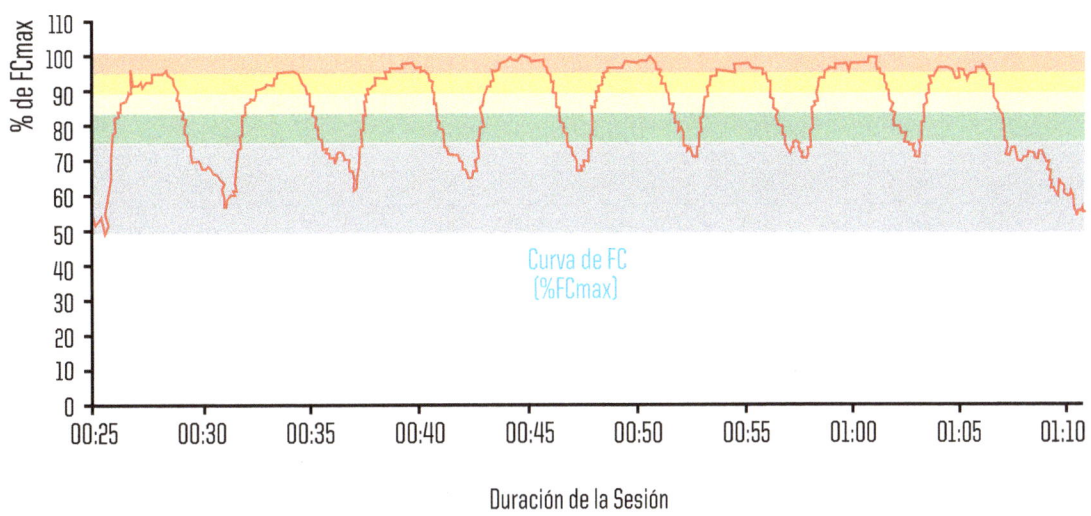

Duración de la Sesión

Tabla 9. Intensidad Media de Ejercicio (% FCmax) (Franchini et al., 2010).
* El dato excluye el primer minuto de cada serie
DE = Desviación estándar (Diferencia Estadística a partir de la Media)

	2 MIN DE DURACIÓN		4 MIN DE DURACIÓN		6 MIN DE DURACIÓN		DATOS AGRUPADOS	
	Media	DE	Media	DE	Media	DE	Media	DE
Serie 1	88,0	3,4	88,9	3,4	87,3	3,5	88,1	3,4 *
Serie 2	88,7	3,2	89,7	3,1	88,5	3,3	89	3,2 **
Serie 3	88,8	2,9	89,9	2,5	87,7	3,2	88,8	3,0 *
Serie 4	88,5	3,2	89,5	3,1	87,8	2,8 ***		

Tabla 10. Intervención de Entrenamiento con SSG (Owen et al., 2012).
* Todas las SSG fueron 3vs3 (+ Porteros), 3 minutos de duración con 2 minutos de recuperación pasiva

PROGRESIÓN DE LA SESIÓN	PROGRESIÓN DE LA CARGA	DURACIÓN TOTAL SSG (min)
SSG 1	Partidos de 5 x 3 min	15
SSG 2	Partidos de 6 x 3 min	18
SSG 3	Partidos de 7 x 3 min	21
SSG 4	Partidos de 8 x 3 min	24
SSG 5	Partidos de 9 x 3 min	27
SSG 6	Partidos de 10 x 3 min	30
SSG 7	Partidos de 11 x 3 min	33

RESUMEN DEL CAPÍTULO

ENTRENAMIENTO Y FÚTBOL

RESUMEN DEL CAPÍTULO

PERIODIZACIÓN

- Se han hecho más evidente el interés, la investigación y la aplicación de métodos de entrenamiento específicos para reproducir las exigencias técnicas y físicas del juego competitivo.

- Es de suma importancia comprender el concepto básico de periodización del entrenamiento y los conceptos de "recuperación de la carga" y "teoría de la supercompensación"

- Aunque es importante que los entrenadores entiendan el concepto de periodización para la fase de preparación y la fase inicial de la temporada, es muy difícil de aplicar durante la temporada, debido a los cambios que puede experimentar la semana de entrenamiento y como consecuencia, los periodos de recuperación entre partidos de competición.

LA DIFERENCIA ENTRE 1 O 2 PARTIDOS POR SEMANA

- Los equipos con más jugadores, la rotación de los mismos, las técnicas de prevención de lesiones y las estrategias de recuperación, tienen como objetivo principal reducir la tasa de lesiones durante los periodos en los que hay una elevada densidad competitiva.

- Los minutos de competición perdidos por los jugadores que no juegan y por los suplentes, deben compensarse de la manera correcta y en el momento adecuado (por ejemplo, partidos entre reservas, entrenamientos con alta velocidad y alta intensidad). Estos jugadores pueden llegar a ser determinantes conforme avanza la temporada.

ENTRENAMIENTO EN PRETEMPORADA

- Los entrenadores pueden aspirar a mejorar los perfiles de rendimiento físico de los jugadores y el posterior rendimiento del equipo, sin aumentar significativamente el volumen de entrenamiento, lo que podría aumentar los problemas relacionados con la fatiga o las lesiones.

- Durante el periodo de pretemporada, se puede utilizar el entrenamiento concurrente de fuerza e interválico de alta intensidad para mejorar el rendimiento explosivo de los futbolistas profesionales, junto con su resistencia aeróbica intermitente y continua.

- Si el personal de ciencias del deporte, técnico y médico no planifica de antemano la fase de entrenamiento de pretemporada con una sobrecarga progresiva y gradual para aumentar la capacidad física de los jugadores, es posible que se produzcan más lesiones. Como resultado, los jugadores que no completan los períodos de pretemporada podrían tener un mayor riesgo de sufrir lesiones durante la temporada.

ENTRENAMIENTO EN TEMPORADA COMPETITIVA

- La calidad del rival y el número de entrenamientos entre partidos, así como los viajes asociados a las competiciones, deben influir en la intensidad de entrenamiento semanal y mensual. Conocer estos factores puede ayudar en el diseño y planificación de la carga.

ENTRENAMIENTO Y FÚTBOL

- Jugadores con mayor disponibilidad en partido y más minutos de juego poseen mayores valores de O2max a mitad de temporada, mientras que los sustitutos con menos minutos de juego tienen mayores valores al final de la temporada.

- La reducción del volumen de entrenamiento de alta intensidad a partir de mitad de temporada, está ligado al plan a largo plazo, garantizando un mejor rendimiento físico evitando cualquier lesión inducida por la fatiga acumulada en la preparación de los partidos de competición.

ENTRENAMIENTO ESPECÍFICO EN EL FÚTBOL DE ÉLITE ACTUAL

- Las carreras intermitentes de alta intensidad han mostrado mejorar significativamente la resistencia del futbolista y como consecuencia, el rendimiento en partido.

- Cuando introducimos en los entrenamientos cambios de dirección y balón por medio de posesiones, se obtiene mayor motivación del jugador, un reclutamiento muscular específico al deporte y una mayor demanda energética, en comparación con el entrenamiento de carrera tradicional.

- Al diseñar programas de entrenamiento intermitente, el uso de movimientos más específicos puede hacer más funcional la sesión y mejorarla.

- Correr con el balón acorta la longitud de zancada en comparación con correr sin balón a la misma velocidad. Estos cambios mecánicos contribuyen a aumentar el consumo total de energía. La introducción de cambios de dirección y carrera con balón, permite que la sesión de entrenamiento sea más específica a la hora de recrear los movimientos necesarios en competición.

- Los movimientos funcionales y específicos del fútbol provocarán mayores respuestas fisiológicas durante las sesiones de carrera intermitente.

- Aunque el esprint sólo representa el 11% de la distancia recorrida en partido, es mucho más prominente en los momentos clave. La velocidad se considera la acción más frecuente realizada por el jugador que marca gol o el que le asiste.

CAPACIDAD DE REPETIR ESPRINTS (*REPEATED SPRINT ABILITY, RSA*)

- Al desarrollar esta capacidad es importante 1) Entrenar para mejorar el esprint con métodos de fuerza y potencia tradicionales, y 2) Efectuar entrenamiento interválico de alta intensidad para intentar mejorar la capacidad de recuperar entre esprints.

- Incrementar la fuerza de los miembros inferiores de los jugadores puede incrementar la aceleración y la velocidad, cualidades críticas del futbolista a la hora de saltar, girar, esprintar o desplazarse por el terreno de juego.

- Las técnicas utilizadas para mejorar la velocidad incluyen el entrenamiento con resistencia (p. ej., entrenamiento de fuerza, trineos lastrados) o la carrera asistida (p. ej., entrenamiento en cinta rodante, ayudada y carreras con pendiente favorable).

- Entrenar movimientos explosivos y potentes de todo el cuerpo, incluyendo la velocidad o los cambios de dirección en respuesta a un estímulo específico propio del deporte, mejora la capacidad de cambiar de dirección o de arrancar y detenerse rápidamente, además de cualquier otro movimiento específico que pueda ser determinante para el rendimiento del futbolista.

ENTRENAMIENTO Y FÚTBOL

ENTRENAMIENTO INTENSIVO CORTO
(SHORT INTENSIVE TRAINING, SIT)

- 2 semanas de SIT produce pequeñas mejoras en el rendimiento de la carrera intermitente de alta intensidad en el futbolista y en su VO2max, siendo una opción para reemplazar el entrenamiento aeróbico tradicional.

- Aunque las consideraciones físicas siempre serán secundarias a la capacidad de un jugador para desempeñar su papel técnico/táctico sobre el terreno de juego, una preparación física inadecuada podría limitar el rendimiento de un jugador durante un partido.

- La preparación física se ve afectada con frecuencia por la alta densidad competitiva. Además, la presión sobre los entrenadores para tener éxito, puede conllevar que los jugadores lesionados se apresuren a volver a estar disponibles.

- Teniendo en cuenta estos problemas, los métodos de entrenamiento eficientes en el tiempo, como este **SIT**, podrían tener un gran atractivo en el fútbol, ya que pueden proporcionar una solución útil a las complejidades ya mencionadas del diseño de programas de entrenamiento.

ENTRENAMIENTO Y FÚTBOL

CAPÍTULO 2

SITUACIONES DE JUEGO REDUCIDO

SITUACIONES DE JUEGO REDUCIDO

SITUACIONES DE JUEGO REDUCIDO

1. **Demandas Físicas y Fisiológicas de las Situaciones de Juego Reducido** (*Small Sided Games, SSG*)
   - Comparación entre Partido y **SSG**
   - Desarrollo Físico en las **SSG**

2. **Variables que Afectan a la Intensidad de las** *SSG*
   - Efecto de las Dimensiones del Campo
   - Efecto del Número de Jugadores
   - Combinación de las Dimensiones y el Número de Jugadores
   - Cambios en las Reglas;
     (a) Variaciones en la Forma de Marcar
     (b) Posesión del Balón (Con vs Sin Juego Direccional)
     (c) Estímulo del Entrenador
     (d) Inclusión de Porteros
     (e) Duración y Número de Series

3. **Periodización de las** *SSG*

4. **Evaluación del Trabajo en las** *SSG*

5. **Limitaciones de las** *SSG*

A lo largo de los últimos años se ha producido un aumento significativo de la investigación en torno al uso de las **SSG** en todos los niveles del fútbol: juvenil, amateur, universitario y profesional. El desarrollo y la aplicación de la ciencia del deporte al fútbol, junto con la mejora de los equipos que proporcionan un mejor seguimiento y análisis de los métodos de entrenamiento, pueden estar relacionados con la mayor atención que han recibido.

Intentar maximizar las habilidades físicas, técnicas y tácticas de los jugadores es de suma importancia, por lo que las **SSG** son un método atractivo. Su uso puede permitir potencialmente y de forma simultánea el desarrollo de muchos aspectos clave del rendimiento durante un periodo limitado. Sin embargo, es necesario seguir investigando sobre los beneficios de estos juegos para mejorar su aplicación y permitir a los jugadores competir al nivel más alto posible. Hasta la fecha, la literatura actual que examina los efectos del uso de las **SSG** ha revelado que las variables fisiológicas (por ejemplo, la frecuencia cardíaca, los niveles de lactato en sangre y la tasa de esfuerzo percibido), técnicas y tácticas pueden alterarse significativamente si se modifican componentes como el número de jugadores, las dimensiones del terreno de juego, las reglas y el estímulo del entrenador.

Parece necesaria investigación adicional para determinar el uso óptimo y el papel que pueden desempeñar en la preparación de los jugadores que compiten en la élite del fútbol.

1. DEMANDAS FÍSICAS Y FISIOLÓGICAS DE LAS SITUACIONES DE JUEGO REDUCIDO

DEMANDAS FÍSICAS Y FISIOLÓGICAS DE LAS SITUACIONES DE JUEGO REDUCIDO

La investigación previa ha mostrado que el rendimiento del jugador de fútbol depende de factores físicos, psicológicos, sociales, fisiológicos, técnicos y tácticos (Bangsbo, 1994; Clemente et al., 2012). Integrar todos estos factores es importante si el objetivo que se persigue es influir significativamente en el rendimiento del futbolista a lo largo del tiempo, por lo que el diseño del proceso de entrenamiento debe considerar la integración de todos estos factores (Jones y Drust, 2007).

Dellal et al. (2010), y Reilly y Ball (1984), concluyeron que por medio de las situaciones de juego reducido puede llevarse a cabo un desarrollo físico y funcional más específico para el fútbol, apareciendo con posterioridad un mayor número de publicaciones que investigaron este tipo de situaciones (Casamichana y Castellano, 2010; Franchini et al., 2010).

La literatura sobre los métodos de entrenamiento empleados en futbolistas de élite, ha promovido la noción de que se logra un desarrollo futbolístico específico cuando el entrenamiento recrea las demandas competitivas desde una perspectiva técnica, táctica y física (Owen et al., 2004; Mallo y Navarro, 2008; Owen et al., 2011; Clemente et al., 2012). Una forma de reproducir las demandas competitivas dentro de las tareas de entrenamiento es el empleo de situaciones de juego reducido.

Sin embargo, para el desarrollo e integración de las **SSG** como herramienta de entrenamiento, es de vital importancia tener una mayor comprensión de sus efectos desde una perspectiva física, fisiológica, técnica, táctica y psicológica.

Según Clemente et al. (2012), los estudios recientes en este área han investigado sistemáticamente los efectos que tiene sobre el jugador alterar diferentes variables como las normas empleadas o el tamaño del área de juego (Owen et al., 2004; Tessitore et al., 2006; Kelly y Drust, 2009), la influencia de emplear zonas con cierta implicación táctica (Dellal et al., 2008; Mallo y Navarro, 2008), el número de jugadores utilizados (Williams y Owen, 2007; Katis y Kellis, 2009), y la duración y recuperación empleadas al usar estas **SSG** (Dellal et al., 2012).

ASPECTOS CLAVE:

El desarrollo más específico del futbolista se logra cuando el entrenamiento recrea las demandas competitivas desde una perspectiva técnica, táctica y física. Una forma de reproducir las demandas competitivas dentro de los entrenamientos es mediante el uso de situaciones de juego reducido.

SITUACIONES DE JUEGO REDUCIDO

REPUESTA FISIOLÓGICA Y PERFIL DE ACTIVIDAD DE LAS SITUACIONES DE JUEGO REDUCIDO (SSG)

1. Respuesta Fisiológica y Perceptiva

Mayor en los formatos menores de SSG (2vs2 y 3vs3).

4. Implicaciones Prácticas

Con menor número de jugadores (2vs2 y 3vs3) se incrementó la demanda cardiovascular, pero con mayor número de jugadores (4vs4 y 5vs5) se incrementaron la variabilidad y especificidad. El perfil de actividad y la carga no son tan diferentes, sin embargo el 4vs4 presentó mayores valores y variabilidad, siendo el 3vs3 el formato más estable.

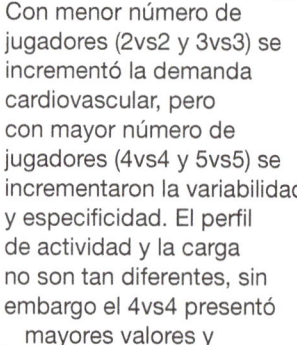

2. Desarrollo del Rendimiento Aeróbico

2vs2 y 3vs3 pueden ser útiles para el desarrollo del rendimiento aeróbico del futbolista, ya que pueden solicitar en torno al 90% de la FCmax

3. ¿Los formatos 4vs4 y 5vs5?

Formatos más pequeños (2vs2 y 3vs3) son más apropiados para un mayor estrés fisiológico; mayores pueden ser empleados para mejorar las demandas más específicas del fútbol (4vs4 y 5vs5).

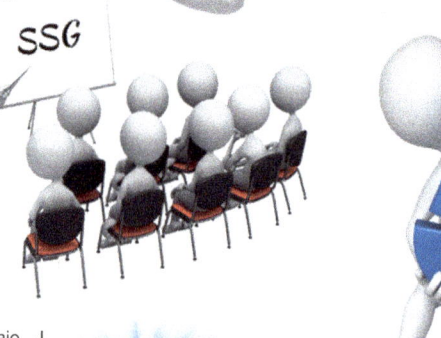

REFERENCIA
M. Aguiar, G. Botelho, B. Goncalves y J. Sampaio J Strength Cond Research, Diciembre 2014

Diseñado por @YLMSportScience

COMPARACIÓN ENTRE PARTIDO Y LAS SITUACIONES DE JUEGO REDUCIDO

Para la introducción de las **SSG** dentro de la estructura de entrenamiento de los equipos, es de suma importancia que se comparen registros obtenidos en partido con diferentes formatos de **SSG**. Uno de los primeros estudios que comparó aspectos fisiológicos y físicos fue realizado por Owen et al. (2004). Los resultados de este estudio revelaron que el 3vs3 indujo respuestas de frecuencia cardíaca (**FC**) similares a las de partido (*Figura 22*). Además Casamichana y Castellano (2010), examinaron las respuestas físicas, fisiológicas, motrices y el esfuerzo percibido durante 3 sesiones diferentes de **SSG** en jugadores en edad de formación. Durante las **SSG**, las áreas de juego empleadas tuvieron 275m², 175m² y 75m² manteniendo constante el número de jugadores (5vs5 + Porteros). Los resultados del estudio mostraron que a mayor área empleada, las variables físicas se incrementaron (distancia recorrida total, distancia recorrida a alta intensidad, velocidad máxima, ratio trabajo/descanso y número de esprints efectuados). También fueron significativamente mayores la carga de trabajo y la percepción subjetiva del esfuerzo (**RPE**), mientras que variables técnicas como interceptaciones, controles, regates, tiros a puerta y goles fueron menores. En general, este estudio en particular destaca que el tamaño del terreno de juego debe tenerse en cuenta a la hora de planificar las **SSG** como parte de la estructura de entrenamiento, ya que influye significativamente en la exigencia física y técnica.

Figura 22. Respuesta de la FC y Comparación entre SSG y Partido 11vs11 (Owen et al., 2004).

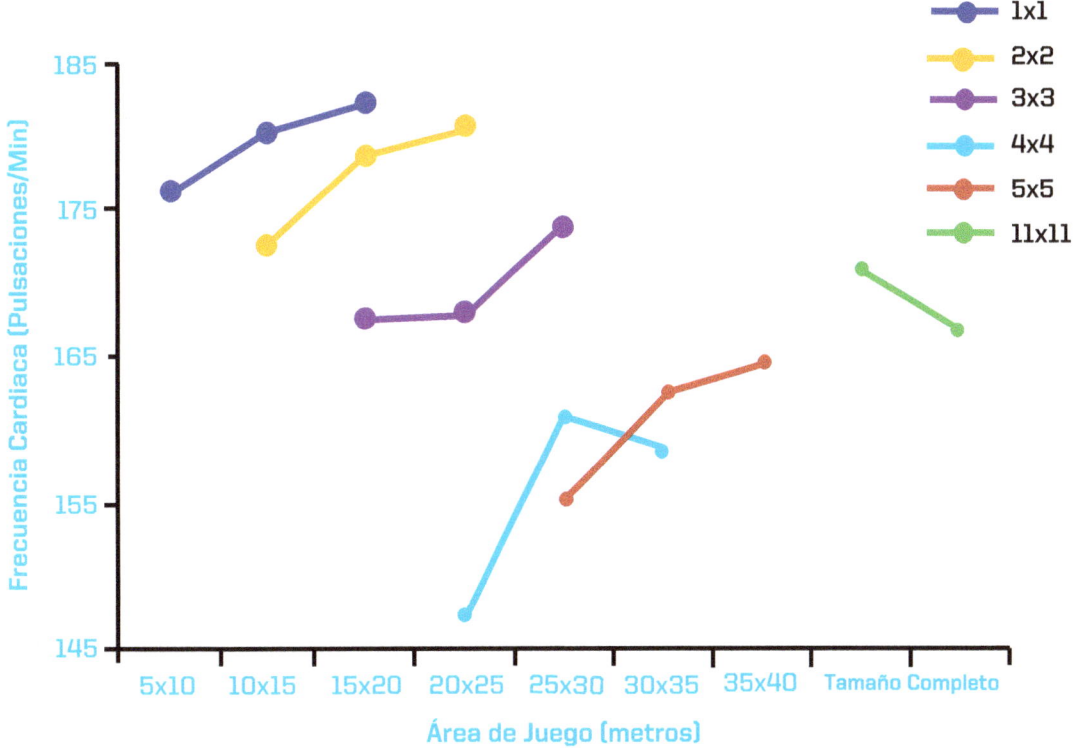

SITUACIONES DE JUEGO REDUCIDO

Curiosamente al comparar los hallazgos de Casamichana y Castellano (2010), con estudios similares de **SSG**, se ha sugerido que la variable *"distancia recorrida por minuto" o "metro por minuto (m/min)"* es representativa de la intensidad general experimentada por un jugador dentro de estas actividades, por lo que puede utilizarse como un índice global de la intensidad en la tarea/juego. Investigaciones recientes han demostrado que las **SSG** varían de 87 m/min en campos más pequeños, a 125 m/min en campos más grandes con el mismo número de jugadores (Casamichana y Castellano, 2010). Estos hallazgos son consistentes con los obtenidos anteriormente por Pereira et al. (2007), quienes encontraron que los futbolistas brasileños jóvenes recorrían:

- 118 m/min en categoría sub-15.
- 105 m/min en categoría sub-17.
- 109 m/min en categoría sub-19.
- Además Barbero-Álvarez et al. (2007), obtuvieron en jugadores pre púberes españoles 100 m/min.

Owen et al. (2013), encontraron que las **SSG** indujeron una velocidad de juego mayor y significativa al compararlas con situaciones jugadas en espacios medios (**Medium, MSG**) y grandes (**Large, LSG**). Además, los metros recorridos en cada formato difirieron significativamente, mostrando las **SSG** los mayores metros (198,5 m/min), al compararlas con los espacios medios (**MSG**, 106,9 m/min) y grandes (**LSG**, 120,4 m/min).

El hecho de que la velocidad de juego más rápida se haya asociado a las **SSG** puede deberse a que con menor espacio de juego el oponente está siempre muy próximo, teniendo el jugador un tiempo limitado la posesión del balón, en comparación con los partidos con espacios más grandes. Los resultados de Owen et al. (2103), revelaron que a medida que el número de jugadores aumenta de **SSG** a **MSG**, y a LSG, la velocidad de juego disminuye debido a la menor presión de los oponentes, el aumento del tamaño de los campos y el incremento de las opciones de pase, lo que limita la cantidad de carreras que el jugador realiza. Sin embargo, las **SSG** y **MSG** no inducen movimientos de alta velocidad similares a la competición en comparación con **LSG**.

Generalmente e independientemente de la posición, los partidos son jugados a una velocidad media de entre 111,11 m/min y 133,33 m/min. Con estos datos, cuando el objetivo es entrenar a una "intensidad de partido", los entrenadores deben asegurarse de que las situaciones de entrenamiento consigan una velocidad de juego igual o superior a 111,11 m/min.

En una investigación más específica y detallada comparando **SSG** y **LSG** (11vs11) efectuada por Dellal et al. (2012), monitorizaron los efectos de los cambios en las reglas comúnmente usadas (toque libre; 1 toque; 2 toques) sobre las demandas técnicas y físicas en futbolistas profesionales de élite. Dentro del estudio se compararon 5 posiciones de juego diferentes durante 4 minutos en una **SSG**, contra los mismos jugadores y posiciones compitiendo en **LSG** (11vs11).

- En **SSG** se obtuvieron valores significativamente mayores de **FC** con comparación con 11vs11 en todas las posiciones.
- Se encontró menor percepción subjetiva del esfuerzo (**RPE**) en las **SSG** con toque libre para centrocampistas defensivos, de banda y delanteros.
- El formato 4vs4 (**SSG**) jugado con una limitación de 1 o 2 toques, incrementó la carrera a alta intensidad, lo que podría justificar que este formato se asemeja más a las demandas competitivas.

Como consecuencia, los entrenadores necesitan entender completamente las diferentes demandas fisiológicas impuestas a los jugadores dentro de las **SSG**, especialmente si incluyen cambios en las reglas en relación a la posesión del balón. Además, los entrenadores también deben tener cierto conocimiento de las diferencias físicas, fisiológicas y técnicas existentes en función de la posición específica empleada en estas tareas.

SITUACIONES DE JUEGO REDUCIDO

Figura 23. Ejemplo de Diferencias Posicionales (Metros por Minuto) **de un Equipo Internacional Durante un Partido Clasificatorio de la Copa del Mundo** (datos no publicados).

DESARROLLO FÍSICO EN LAS SITUACIONES DE JUEGO REDUCIDO

El desarrollo de una mejor comprensión de las demandas fisiológicas y técnicas impuestas a los jugadores dentro de las **SSG**, permite la oportunidad de analizar más a fondo los perfiles de movimiento de los jugadores. En la mayoría de los niveles, para competir es fundamental y necesario realizar esprints repetidos, cambios de dirección, tiros, entradas y regates. Sin embargo, estos movimientos y acciones específicas dentro de las **SSG** provocan un gran esfuerzo debido a la carga adicional que se ejerce sobre los grupos musculares específicos empleados. Esta carga adicional impuesta a los jugadores ofrece un estímulo físico adicional determinante, ya que para el fútbol se considera importante la capacidad de realizar acciones técnicas y tácticas en condiciones de fatiga (Iaia et al., 2009). Dellal et al. (2011), analizaron varias **SSG** (2vs2; 3vs3; 4vs4) en diferentes niveles de juego (amateur y profesional). Los principales resultados mostraron diferencias significativas entre los niveles en cuanto a su capacidad de realizar acciones de alta intensidad. El análisis más profundo de la investigación mostró que los jugadores amateurs completaron menos pases exitosos, obtuvieron valores más altos de **RPE** y **La** y recorrieron menos distancia en esprint y a alta intensidad.

Por lo tanto, los autores concluyeron que en las **SSG** el nivel de juego influye en las respuestas fisiológicas, el rendimiento físico y el desempeño técnico.

Tabla 11. Demandas Físicas y Técnicas de las SSG (3vs3) en Futbolistas Profesionales (Dellal et al., 2011).

	DEMANDAS FÍSICAS Y TÉCNICAS EN UNA SSG 3vs3 (N=20)			
	1 Toque	**2 Toques**	**Toque Libre**	**Media**
Distancia Total (m)	22476,6	2124,7	201,0	2128,8
Distancia Total en Esprint (m)	397.0	351,2	315,6	354,6
% de la Distancia Total en Esprint	17,7	16,6	15,7	16,7
Distancia Total en Alta Intensidad (m)	523,2	473,9	422,5	473,2
% de la Distancia Total en Alta Intensidad	23,4	22,4	21,1	22,3
Número de Duelos	30,9	28,2	26,8	28,6
Número de Duelos por Minuto	2,6	2,3	2,2	2,4
% Pases Exitosos	52,1	69,9	71,7	64,5
Número Total de Balones Perdidos	17,1	15,2	14,4	15,5
Número de Balones Perdidos por Minuto	1,4	1,3	1,2	1,3
Distancia Total con Posesión	51,8	43,8	41,7	45,8

Efecto de las Dimensiones del Campo

Está bien documentado que las demandas físicas durante las **SSG** pueden verse influidas significativamente por la manipulación de variables clave como el número de jugadores, el tamaño del área de juego, los cambios en las reglas de juego y la duración de las series (Owen et al., 2004; Casamichana y Castellano, 2010; Dellal et al., 2011; Owen et al., 2011). La investigación en diferentes niveles del fútbol ha revelado que cambiar las dimensiones de juego puede crear perfiles fisiológicos y de movimiento significativamente diferentes. Sin embargo, existen datos contradictorios. Un estudió no encontró diferencias en la **FC** al emplear tres tamaños de campo diferentes (Kelly y Drust, 2008), mientras que al jugar en amplias dimensiones en comparación con más pequeñas (Owen et al., 2004; Rampinini et al., 2007; Casamichana y Castellano, 2010) sí encontraron diferencias significativas en la respuesta de la **FC**. Según Kelly y Drust (2008), la organización de la sesión de entrenamiento debe garantizar que el tamaño de los campos de juego se tenga muy en cuenta en función del objetivo buscado. Si el objetivo principal de la sesión es desarrollar componentes físicos y técnicos de forma aislada o en combinación entre sí, se deben utilizar los tamaños de campo más adecuados. Owen et al. (2004), sugirieron que la manipulación de las dimensiones del campo puede afectar directamente a la intensidad del entrenamiento, al igual que Tessitore et al. (2006), quienes también indicaron que la intensidad de las sesiones de entrenamiento puede aumentarse o reducirse modificando esa variable. Además, este estudio indicó que las superficies de juego más pequeñas (independientemente del número de jugadores) incrementaron la intensidad obtenida del 61% al 76% del **VO2max.**

Dentro de una investigación similar Rampinini et al. (2007), encontraron valores más altos de lactato sanguíneo (**La**) durante diferentes **SSG** jugadas en un campo más grande, en comparación con campos medianos y pequeños. Estos hallazgos coincidieron con los de Tessitore et al. (2006), quienes concluyeron que un 6vs6 jugado en un terreno de juego más grande (45 x 35 metros) conllevó una actividad aeróbica significativamente mayor. Estudios anteriores que investigaron los efectos de las dimensiones del campo de juego sobre la percepción subjetiva del esfuerzo (**RPE**), llegaron a similares conclusiones, encontrando valores de **RPE** mayores y significativos en los tamaños más grandes de juego (Rampinini et al., 2007; Casamichana y Castellano, 2010).

Más adelante en este capítulo, se explicarán los efectos de un enfoque periodizado de las **SSG** y también cómo con el uso de espacios pequeños, medianos y grandes, se puede potencialmente ayudar en el desarrollo de la mayoría de las demandas físicas impuestas por la competición (por ejemplo, las carreras a alta intensidad y en esprint).

Figura 24. Distancia Total Recorrida (DT) en Relación a los Metros Recorridos en Alta Intensidad (AI) y en Esprint en una SSG en Función del Nivel de Juego (Amateur vs Profesional) (Dellal et al., 2011).

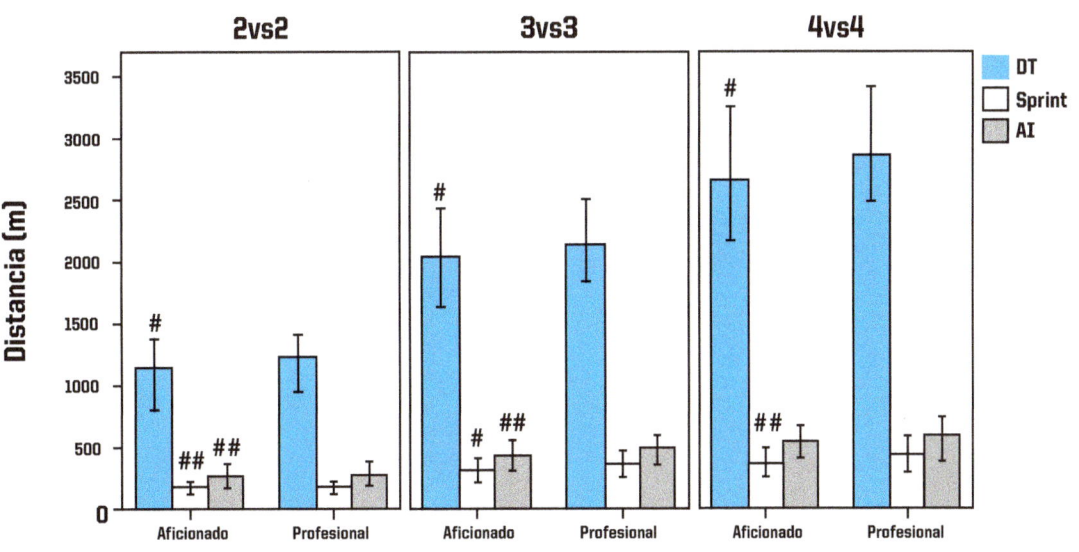

SITUACIONES DE JUEGO REDUCIDO

Demandas Fisiológicas

Habiendo resaltado los perfiles físicos de los jugadores y los umbrales de velocidad con respecto a la distancia recorrida, las demandas fisiológicas inducidas por las **SSG** como la respuesta de la frecuencia cardíaca (**FC**) y los niveles de lactato en sangre (**La**), pueden verse reflejados en la percepción subjetiva del esfuerzo (**RPE**). Estos valores son fundamentales para comprender mejor el papel que desempeñan estas tareas jugadas en el entrenamiento del futbolista profesional de élite.

La respuesta cardiaca del jugador a las **SSG** ha evidenciado una respuesta cardiaca en torno al 85-95% de la **FCmax** (Hoff et al., 2002; Kelly y Drust, 2009), valores que podrían inducir mejoras en el rendimiento aeróbico y como consecuencia en el desempeño físico en partido (Helgerud et al., 2001; Impellizzeri et al., 2006). Uno de los estudios más recientes mostró en jugadores profesionales y amateurs similares respuestas de %**FCmax** y %**FCres** (Dellal et al., 2011). Como anteriormente se ha mencionado, el autor atribuyó a la diferencia clave de niveles las diferencias en la velocidad de los movimientos encontrados (carrera a alta intensidad y esprint) en la situación de juego estudiada y mostrada en la anterior página **Figura 24**. Recientemente, Owen et al. (2011), examinaron las diferencias en la respuesta técnica y de **FC** de jugadores de élite europea al efectuar dos situaciones de juego diferentes:

SSG = 3vs3 + Porteros en 28 x 23m.

LSG = 9vs9 + Porteros en 55 x 45m.

Los resultados mostraron que la **SSG** posibilitó una respuesta en la **FC** significativamente mayor en comparación con la **LSG** (**Figura 25**). En la **SSG**, los jugadores pasan significativamente más tiempo por encima del 85% de su **FCmax** en comparación con la **LSG**, coincidiendo con estudios previamente publicados (Hoff et al., 2002; Kelly y Drust, 2009; Dellal et al., 2010), en los que se mostró que las **SSG** pueden inducir una intensidad de **FC** suficiente para mejorar la capacidad aeróbica.

Figura 25. Comparación de FC entre SSG (3vs3 + Porteros) y LSG (9vs9 + Porteros).

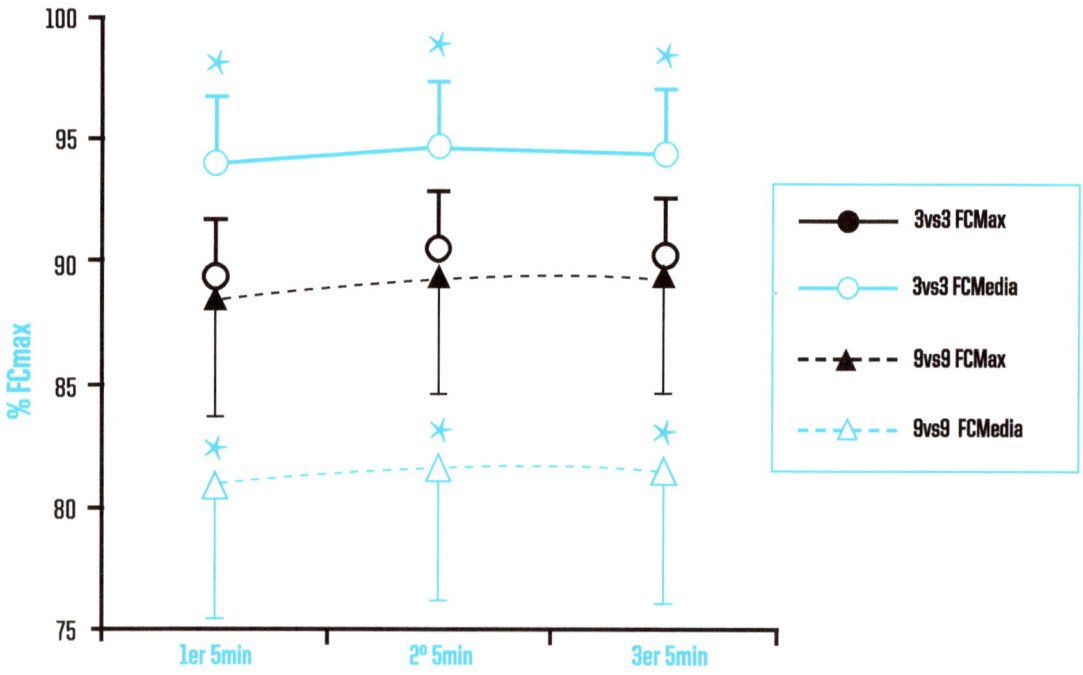

SITUACIONES DE JUEGO REDUCIDO

Adicionalmente Hoff et al. (2002), analizaron si el trabajo con pequeños grupos o **SSG** son intervenciones de entrenamiento interválico apropiadas para jugadores profesionales de élite, y si la **FC** tomada en un entrenamiento específico de esta modalidad deportiva es una medida válida de la intensidad de trabajo. Los resultados revelaron que la intensidad de las **SSG** (4vs4 + Porteros) se situó en el 91,3% de la **FCmax**, equivalente al 84,5% del **VO2max**. Además, la intensidad generada en un circuito de conducción con balón fue el 93,5% de la **FCmax**, 91,7% del **VO2max**. La Figura 26 muestra la relación entre **FC y VO2 a intensidades submáxima**s medidas durante una prueba incremental de carrera en laboratorio.

La relación **FC-VO2** descrita en los capítulos previos indicó que las **SSG** no fueron significativamente diferentes a correr en la cinta rodante, sin embargo el circuito de conducción de balón provocó niveles más altos de frecuencia cardiaca al compararlo con la situación de juego reducida (**Figura 26**). Por tanto, ejercicios específicos de fútbol reducido, empleando pequeños grupos o circuitos como el estudiado pueden ser utilizados como entrenamiento interválico aeróbico, siendo la frecuencia cardiaca un indicador válido de la intensidad del ejercicio.

Figura 26. Correlación Entre FC-VO2 Obtenida en Test Incremental en Cinta y Comparación de la Intensidad en una SSG (5vs5) y un Circuito de Conducción (Hoff et al., 2002).

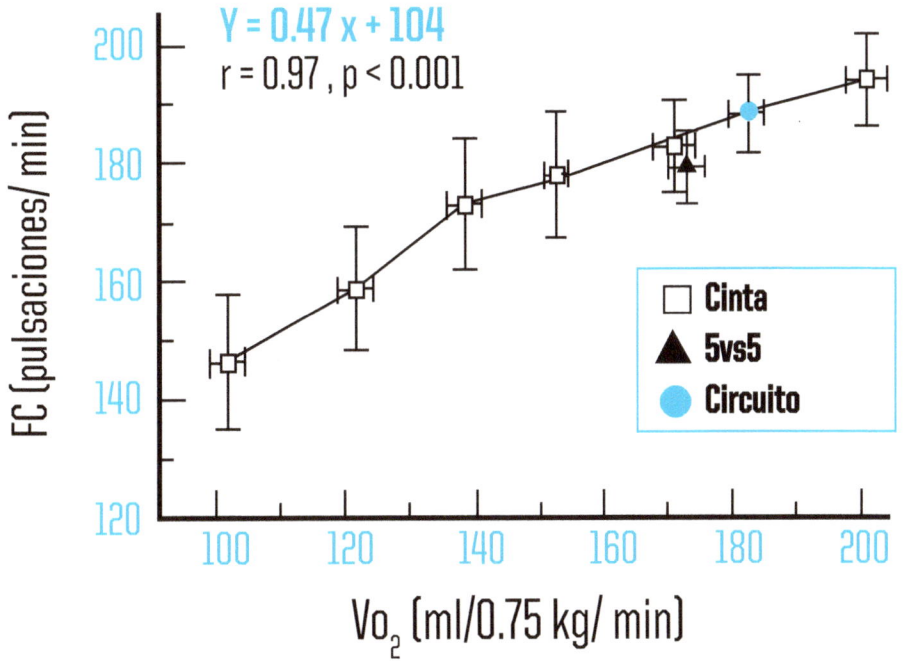

SITUACIONES DE JUEGO REDUCIDO

Efecto del Número de Jugadores

La investigación reciente ha indicado que la intensidad aumenta ante la reducción del número de jugadores (Platt et al., 2001; Jones y Drust, 2007). Sin embargo, esta conclusión ha sido cuestionada por Owen et al. (2013), al encontrar que menos jugadores por equipo dentro de una **SSG** conllevó una mayor velocidad de juego (metros por minuto), pero significativamente menos esfuerzos de alta intensidad, en comparación con las situaciones jugadas en espacios medios y grandes.

Cabe destacar que el análisis de las **SSG**, **MSG** y **LSG** debe ser efectuado específicamente en función de los umbrales de velocidad. De hecho, es mucho más fácil y probable para un jugador alcanzar una velocidad alta (es decir, 18 km/h) cuando se juega en un campo grande en comparación con un área más pequeña. Por ejemplo jugar 8vs8 en un área de 60 x 45 metros en comparación con 3vs3 en un área de 18 x 28 metros. Por lo tanto, el análisis de la actividad debe hacerse con respecto a la carga interna real, influida en gran medida por las aceleraciones/deceleraciones y los cambios de dirección, más que únicamente por la velocidad.

Tiempo A Elevados Umbrales de Frecuencia Cardiaca (*FC*)

Stolen et al. (2005), mostraron que el tiempo acumulado a elevados umbrales de **FC** es de vital importancia para mejorar el rendimiento aeróbico del futbolista, y que la **FC** durante partido se sitúa entre el 80% y el 90% de la **FCMax**. Según el estudio de Owen et al. (2011), el 3vs3 + porteros conllevó una significativa cantidad de tiempo de trabajo en intensidades elevadas de **FC** (>85%**FCmax**). En concreto, durante esta **SSG** los jugadores pasaron significativamente menos tiempo en el umbral 71%–84% de la **FCmax** y más tiempo por encima del 85%, en comparación con una **LSG**.

En un estudio similar Hill-Haas et al. (2010), revelaron que los jugadores que siguieron un entrenamiento genérico acumularon más tiempo a reducidas intensidades (<80 % **FCmax**) y menos tiempo a superiores (>90 % **FCmax**), como se muestra en la **Tabla 12**.

Tabla 12. Comparación de Tiempos a Diferentes Umbrales de FC en un Entrenamiento Genérico (EG) y una Situación de Juego Reducido (a partir de Hill-Haas et al., 2010).

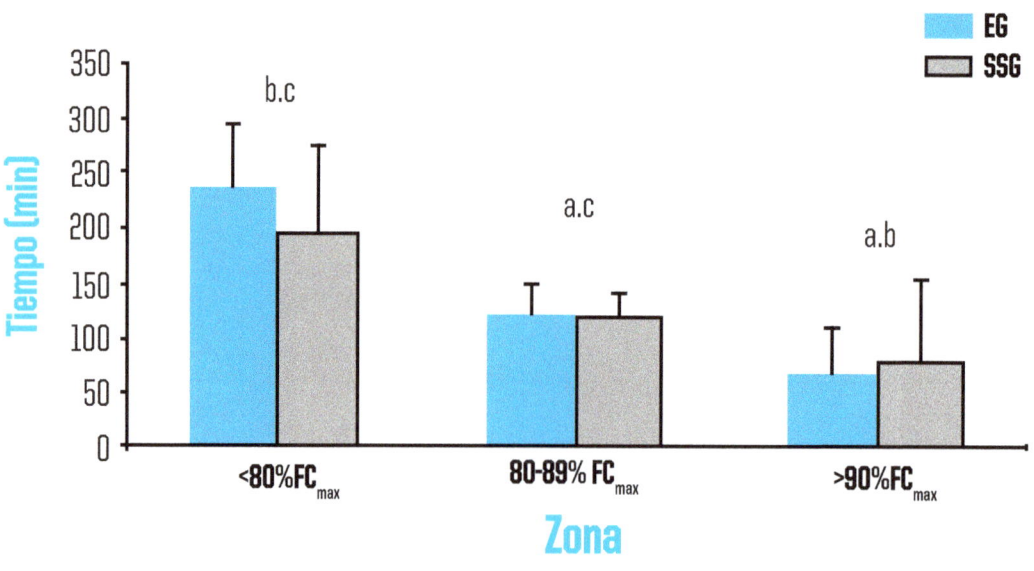

SITUACIONES DE JUEGO REDUCIDO

Situaciones de Juego Reducido vs Métodos Tradicionales de Entrenamiento

Aunque recientemente ha aumentado la investigación que justifica el uso de las **SSG** como medio específico de entrenamiento, en oposición a los métodos de entrenamiento interválico (Little y Williams, 2006; Rampinini et al., 2007), es necesario un mayor conocimiento de la fiabilidad de las respuestas fisiológicas y perceptivas del esfuerzo (**FC, La y RPE**) y su incidencia en el futbolista. Un estudio de Hill-Haas et al. (2007), examinó la variabilidad de la respuesta fisiológica, perceptiva del esfuerzo y motriz en varias situaciones de juego reducido (2vs2; 4vs4; 6vs6). El estudio mostró que las **SSG** proporcionaron una información de la carga interna y externa fiable, permitiendo a los entrenadores confiar en el método como alternativa a la tradicional carrera interválica para el desarrollo y mantenimiento del rendimiento aeróbico. Adicionalmente, debido a la alta reproducibilidad de los datos de carga interna (**RPE y FC**) junto con los datos de carga externa (**GPS**), se recomendó dar una mayor prioridad a la frecuencia cardiaca (**FC**) y percepción subjetiva del esfuerzo del jugador (**RPE**) en la monitorización del entrenamiento del futbolista.

En comparación con el trabajo de carrera interválico, las **SSG** han mostrado incrementar la motivación del futbolista (Hill-Haas et al., 2009). Este incremento puede deberse al uso del balón y a que son actividades más específicas que permiten obtener los altos niveles de rendimiento necesarios para competir. Como consecuencia, la mayor motivación puede resultar en una mayor intensidad de entrenamiento.

Tras describir las respuestas físicas asociadas a las **SSG** como método de entrenamiento, el siguiente paso es como mejorar su implantación para maximizar su eficiencia. Las cuestiones que deben ser respondidas son:

- ¿Cuántos jugadores por partido?
- ¿Qué tamaño de campo debemos emplear?
- ¿Cuántos partidos por sesión son necesarios?
- ¿Cuánto debe durar cada partido?
- ¿Cuánto tiempo de recuperación debemos emplear entre partidos?

En un intento de responder a alguna de estas cuestiones Hill-Haas et al. (2009), compararon la respuesta de 7 **SSG** y ejercicios genéricos de entrenamiento en un estudio con las siguientes características:

- 25 jugadores jóvenes de élite fueron aleatoriamente asociados al grupo de entrenamiento genérico (**EG**) o al de juego reducido (**SSG**).
- Cada grupo completó dos sesiones de entrenamiento por semana de igual duración.
- Antes del inicio del estudio, cada jugador completó un test de **VO2max**, el **Multistage Fitness Test (MSFT)**, Yo-Yo Test de Recuperación Intermitente Nivel 1 (**YYIRTL1**), test de esprints repetidos de 12 × 20m (**RSA**) y un test de 20m lineal.
- Durante el periodo de entrenamiento se recogieron los valores de **FC** y **RPE**.

Se obtuvieron las siguientes conclusiones:

- Los grupos no mostraron diferencias significativas ni en la **FC** ni en la **RPE**, aunque el **EG** indicó que su entrenamiento pareció sustancialmente más intenso que la del grupo **SSG**.
- No se encontraron cambios en el **VO2max**, **MSFT**, **RSA** y esprint en 20m, pero ambos grupos mejoraron el rendimiento en el **YYIRTL1**.
- Los datos no mostraron diferencias entre grupos en las mejoras del Yo-Yo test, destacando los autores que ambas propuestas fueron igual de efectivas en la mejora del rendimiento aeróbico del futbolista en pretemporada, incluso percibiendo el **EG** mayor intensidad en sus entrenamientos.

SITUACIONES DE JUEGO REDUCIDO

Tabla 13. Resumen de la Intervención con Situaciones de Juego Reducido (Hill-Haas et al., 2009).

SEMANA	SESIÓN 1	REPETICIONES x DURACIÓN /PAUSA	ÁREA JUEGO	SESIÓN 2	REPETICIONES x DURACIÓN /PAUSA	ÁREA JUEGO	DURACIÓN TOTAL
1	3vs3	**3 x** 11min / 3min	30 x 20 m	7vs7	**3 x** 13min / 2min	25 x 35 m	72 min
2	3vs3	**4 x** 9min/2min	30 x 20 m	7vs7	**3 x** 11min / 2min	55 x 40 m	69 min
3	3vs3	**6 x** 6min / 1min	30 x 15 m	6vs6	**3 x** 13min / 2min	40 x 30 m	75 min
4	6vs6	**3 x** 11min / 2min	45 x 30 m	5vs5 +1 / 5vs6	**3 x** 11min / 2min	60 x 40 m	66 min
5	6vs6 +1 / 6vs7	**3 x** 13min / 2min	50 x 30 m	5vs5	**3 x** 11min / 2min	45 x 35 m	72 min
6	6vs6	**3 x** 10min / 2min	50 x 40 m	6vs6	**3 x** 12min / 2min	40 x 30 m	66 min
7	2vs2	**3 x** 7min / 1min	20 x 15 m	4vs4	**2 x** 11min / 2min	40 x 20 m	43 min

Tabla 14. Resumen del Entrenamiento Genérico (Hill-Haas et al., 2009).

SEMANA	SESIÓN 1: PRESCRIPCIÓN (Repeticiones x duración o distancia/descanso)	SESIÓN 2: PRESCRIPCIÓN (Repeticiones x duración o distancia/descanso)	DURACIÓN (min)
1	**PA:** 10 x 30s/60s; 8 x 45s/90s	**RSA:** 7 x 34m/35s (1 set) **EIP:** 3 x 5s/15s; 3 x 10s/20s; 3 x 15s/30s; 3 x 30s/60s; 3 x 45s/60s; 3 x 60s/90s; 3 x 90s/90s	70
2	**EE:** 15 min **ESP:** S8 x 15m/15s; 8 x 20m/20s; 10 x 20m/40s; 4 x 15m/10s **CODS:** 8 min	**PA:** 8 x 60s/90s; 10 x 30s/45s	69
3	**RSA:** 7 x 34m/35s (1 set) **EIP:** 2 x 90s/90s; 2 x 60s/90s; 2 x 45s/60s; 4 x 30s/60s; 3 x 20s/40s; 4 x 15s/30s; 4 x 10s/20s; 4 x 5s/15s	**SL:** 15 min **SP:** 9 x 15m/15s; 9 x 20m/20s; 10 x 10m/40s; 5 x 15m/10s **CODS:** 10 min	75
4	**PA:** 10 x 8 x 60s/60s; 1 x 10 x 45s/45s	**RSA:** 7 x 34m/35s (1 set) **EIP:** 3 x 5s/15s; 3 x 30s/60s; 4 x 20s/40s; 5 x 15s/30s; 5 x 10s/20s; 5 x 5s/15s; 1 x 45s/60s; 1 x 60s/90s; 1 x 90s/90s	66
5	**PA:** 1 x 11 x 30s/60s; 1 x 9 x 45s/90s	**EE:** 8 min **ESP:** 10 x 10m/15s; 10 x 20m/20s; 10 x 10m/40s; 6 x 15m/10s **CODS:** 12 min	72
6	**RSA:** 7 x 34m/35s (1 set) **EIP:** 2 x 90s/90s; 2 x 60s/90s; 2 x 45s/60s; 4 x 30s/60s; 3 x 20s/40s; 4 x 15s/30s; 4 x 10s/20s; 4 x 5s/15s **RSA:** 7 x 34m/35s (1 set)	**PA:** 1 x 9 x 60s/90s; 1 x 11 x 30s/45s	66
7	**EIP:** 1 x 90s/90s; 1 x 60s/45s; 1 x 45s/60s; 3 x 30s/60s; 2 x 20s/40s; 3 x 15s/30s; 3 x 10s/20s; 3 x 5s/15s	**PA:** 1 x 6 x 30s/60s; 1 x 5 x 45s/90s	43

* La tabla representa el tiempo total de entrenamiento condicional de dos sesiones por semana

PA = Potencia Aeróbica (intensidad > 90% **FCmax**)
EIP = Entrenamiento Intermitente de Alta Intensidad Prolongado (intensidad máxima)
ESP = Entrenamiento del Esprint (esprints de 10 m, 15 m y 20 m)
CODS = Ejercicios de Cambios de Dirección (Change of Direction Speed Drills)
RSA = Esprints Repetidos (Repeated Sprint Ability, intensidad máxima)
EE = Ejercicios de Velocidad con Escalera de Agilidad

Situaciones de Juego Reducido en el Fútbol de Élite

Según el conocimiento del autor el estudio de Owen et al. (2012), es la única investigación que ha utilizado las **SSG** con futbolistas profesionales en un intento de aclarar los posibles beneficios fisiológicos. En dicho estudio, el formato 3vs3 + porteros fue el empleado por ser el más común en las investigaciones publicadas (Clemente et al., 2012), a pesar de que en la élite los formatos 4vs4 y 5vs5 son los más empleados. Las **SSG** fueron jugadas en 23 x 28 m, lo que supuso 125m² por jugador coincidiendo con el ratio más aproximado a partido. Owen et al. (2012), efectuaron esta intervención con jugadores escoceses de élite durante el periodo de descanso competitivo invernal (**Figura 27**). La intervención incluyó 7 sesiones durante 4 semanas y cada partido duró 3 minutos con 2 minutos de recuperación pasiva entre partidos. Las evaluaciones pre y post intervención se efectuaron en 2 días:

- **Día 1:** Medición de Antropometría y Capacidad de Repetir Esprints (**RSA**)
- **Día 2:** Medición de Economía de Carrera (**EC**) y concentración de Lactato (**La**) en cinta rodante.

Tras las 4 semanas de **SSG**, se encontraron mejoras significativas en la **RSA**, por medio de la mejora en el esprint en 10 m y una mejora significativa en la pérdida de rendimiento. Además mejoró la economía de carrera por medio de la reducción del **VO2** y la frecuencia cardiaca a 9, 11, y 14 km por hora.

En general, los recientes estudios que emplean SSG como una forma de influir positivamente en el rendimiento de los jugadores de fútbol, demuestran que la implementación periódica de estas situaciones jugadas no sólo crea los mismos beneficios físicos de las sesiones de entrenamiento genéricas no específicas de fútbol (Hill-Haas et al., 2009), *sino que tiene la capacidad de mejorar significativamente los perfiles de rendimiento físico de los futbolistas de élite* (Owen et al., 2012).

Conclusión

Ser capaz de desarrollar características físicas junto con los elementos técnicos y tácticos del juego, hace que las **SSG** sean una atractiva metodología de entrenamiento para jugadores, entrenadores y preparadores físicos por igual. Además, debido a la capacidad de estas situaciones de juego de mejorar la **RSA** del futbolista y de reducir el gasto energético, mediante la mejora de la economía de carrera, parece necesario efectuar más estudios al respecto en base a la importancia de estos aspectos en el fútbol de alto nivel. Por último, se puede afirmar que las **SSG** pueden estimular y estresar de forma continua el organismo del futbolista para mejorar la capacidad de recuperar entre los esfuerzos máximos que ocurren durante un partido, gracias a su incidencia en la mejora de la **RSA** del futbolista.

Figura 27. Estructura de las Situaciones de Juego Reducido del Estudio (Owen et al., 2012).

	Lunes	Martes	Miércoles	Jueves	Viernes	Sábado	Domingo
Semana 0				Pre-test	Descanso	Pre-test	Día libre
Semana 1	Téc + Tác	**SSGs** 1 + PL	BiRec	Téc + Tác	**SSGs** 2 + PL	BiRec	Día libre
Semana 2	Téc + Tác	**SSGs** 3 + PL	BiRec	Téc + Tác	**SSGs** 4 + PL	BiRec	Día libre
Semana 3	Téc + Tác	**SSGs** 5 + PL	BiRec	Téc + Tác	**SSGs** 6 + PL	BiRec	Día libre
Semana 4	**SSGs** 7 + PL	Téc + Tác	BiRec	Post-test	Descanso	Post-test	Día libre

PL = prevención de lesiones (trabajo de baja intensidad)
BiRec = Sesión de recuperación de baja intensidad
Tác = Sesión Táctica (baja intensidad)
Téc = Sesión Técnica (baja intensidad)

2. VARIABLES QUE AFECTAN A LA INTENSIDAD DE LAS SITUACIONES DE JUEGO REDUCIDO

EFECTO DE LAS DIMENSIONES DEL CAMPO

Los autores que han estudiado los efectos de cambiar las dimensiones del terreno de juego, no encontraron diferencias significativas en la frecuencia de la mayoría de las acciones técnicas como pasar, controlar, regatear o interceptar el balón (Tessitore et al., 2006; Kelly y Drust, 2008). Sin embargo, los hallazgos de otros dos estudios revelaron un mayor número de disparos y acciones defensivas, como entradas, empleando campos de menor tamaño (Owen et al., 2004; Kelly y Drust, 2008). Este mayor número de acciones defensivas en áreas de juego de dimensiones más pequeñas pueden atribuirse a que ese espacio menor, causaría una disminución de la distancia entre los jugadores, posibilitando más contacto físico y menos opciones de pase. Además, el aumento del número de tiros a puerta podría deberse a la mayor cercanía de la portería, lo que llevaría a los jugadores a intentar hacer gol más frecuentemente.

Según Casamichana y Castellano (2010), la regularidad en el aumento de las respuestas conductuales mostró relación directa con la reducción del área de juego, lo que es consistente con la literatura anteriormente publicada (Owen et al., 2004; Tessitore et al., 2006; Kelly y Drust, 2009). Sin embargo, estos estudios anteriores sólo encontraron diferencias en los tiros a puerta y entradas, mientras que en el estudio de Casamichana y Castellano (2010), el número de interceptaciones, controles y regates, controles y tiros y despejes defensivos, mostraron diferencias significativas. Por lo tanto, parece que el tamaño del campo es de suma importancia cuando se trata de exponer a los jugadores a estímulos técnicos posicionales más específicos.

Las primeras investigaciones realizadas ya mostraron que las dimensiones del terreno de juego condicionaban las respuestas técnicas y físicas de los jugadores (Owen et al., 2004; Tessitore et al., 2006; Rampinini et al., 2007; Kelly y Drust, 2008). Es importante que los entrenadores traten de estandarizar los tamaños de juego y el número de jugadores empleados, o por el contrario arriesgarse a producir en el jugador una sobrecarga física y técnica muy diferente a las normalmente provocadas. Se necesita más investigación sobre los efectos del tamaño del terreno de juego en los futbolistas de élite. Las investigaciones recientes también han acordado la estandarización del tamaño de juego para examinar más a fondo los efectos de estos cambios sobre los resultados fisiológicos, ya que el origen del desacuerdo entre los autores parece que podría deberse al empleo de tamaños diferentes (Aguiar et al.,2012).

Además de lo anteriormente expuesto, las publicaciones recientes sobre la influencia en el desempeño técnico en sesiones de entrenamiento específicas, no encontraron diferencias significativas en la frecuencia de la mayoría de las acciones como pasar, recibir, regatear, interceptar, etc. (Tessitore et al., 2006; Kelly y Drust, 2008). Sin embargo, otros estudios sobre las respuestas técnicas del jugador dentro de las **SSG** revelaron un mayor número de tiros y entradas dentro de áreas de juego de menor tamaño (Owen et al., 2004; Kelly y Drust, 2008).

SITUACIONES DE JUEGO REDUCIDO

Figura 28. Frecuencia de Acciones Defensivas en Varias SSG Independientemente del Tamaño de Juego (Owen et al., 2004).

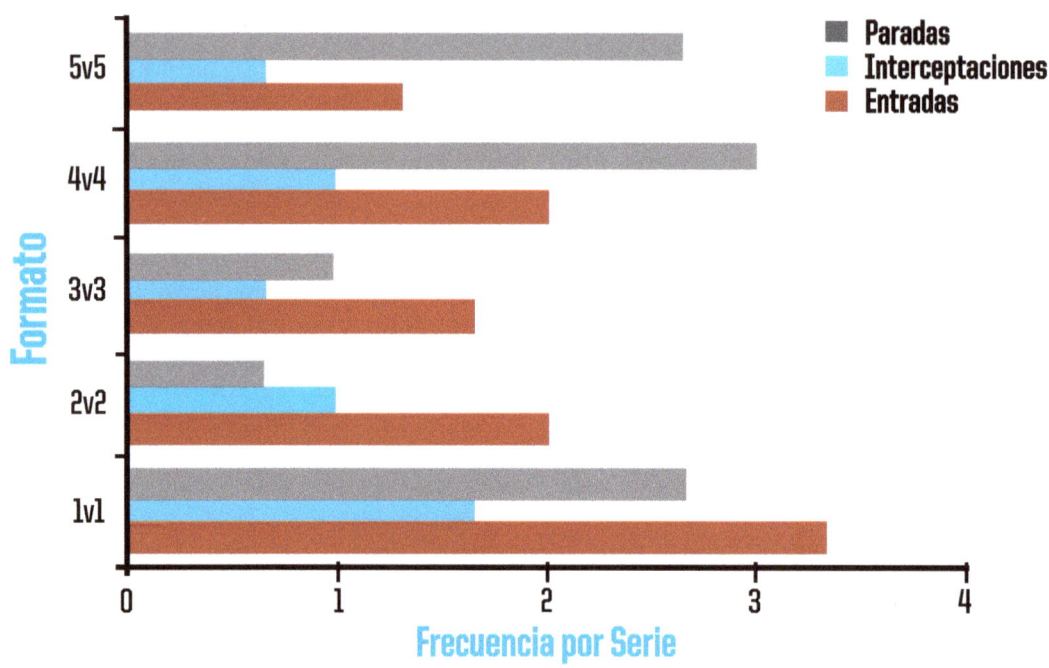

Tabla 15. Características de 3 Formatos de SSG (5vs5 + Porteros) (Casamichana y Castellano, 2010).
SSG L = Amplio Campo (Large); **SSG** M = Campo Medio (Medium); **SSG** S = Campo Pequeño (Small)

VARIABLES		FORMATO SSG		
		SSG L	SSG M	SSG S
Duración	2 x 40 min	8 min	8 min	8 min
Tamaño del Campo	88 x 62 m	62 x 44 m	50 x 35 m	32 x 23 m
Metros Cuadrados	5456 m²	2728 m²	1750 m²	736 m²
Metros por Jugador	272,8 m²	272,8 m²	175 m²	73,6 m²
Porteros	Si	Si	Si	Si
Normas	Las de 11vs11	—	Sin fuera de juego	—
Motivación del Entrenador	Si	Si	Si	Si

SITUACIONES DE JUEGO REDUCIDO

Tabla 16. Demandas Técnicas Cambiando las Dimensiones del Campo
(Casamichana y Castellano, 2010).

*Media (+ desviación estándar) de las Conductas Observadas de los Futbolistas en Diferentes Formatos de Situaciones de Juego Reducido. La columna final muestra las correlaciones entre el **Tiempo Efectivo de Juego (TEJ)** y cada acción estudiada.*

ACCIÓN	SSG L	SSG M	SSG S	CORRELACIÓN CON TEJ
Entrada	3 ± 0,9 (2,1 a 3,9)	4,5 ± 2,1 (2,3 a 6,7)	3,0 ± 2,7 (0,2 a 5,8)	0,148
Interceptación	6,3 ± 1,5 (4,7 a 7,9)	8,3 ± 2,6 (5,6 a 11)	11,2 ± 3,1 (7,9 a 14,4)	-0,522 *
Control	1,7 ± 1,7 (-0,2 a 3,5)	1,8 ± 1,3 (0,4 a 3,2)	2,8 ± 0,9 (1,8 a 3,9)	-0,394
Control y Regate	1,7 ± 0,8 (0,8 a 2,5)	4,5 ± 1,5 (2,9 a 6,1)	5,2 ± 1,7 (3,4 a 7)	-0,494 *
Control, Regate y Pase	14,2 ± 4,2 (0,8 a 18,5)	13,8 ± 5,5 (8,1 a 19,6)	10,2 ± 6,5 (3,3 a 17)	-0,277
Control y Pase	18,7 ± 4,3 (14,1 a 23,2)	16,8 ± 6,1 (10,4 a 23,2)	14,5 ± 6,6 (7,6 a 21,4)	-0,204
Control y Tiro	2,2 ± 1,7 (0,4 a 3,9)	1,8 ± 1,6 (0,1 a 3,5)	5,0 ± 2,4 (2,5 a 7,5)	-0,451
Control, Regate y Tiro	1 ± 0,6 (0,3 a 1,7)	1,5 ± 1,97 (-0,6 a 3,6)	2,5 ± 0,5 (1,9 a 3,1)	-0,346
Cabezazo	1,7 ± 1 (0,6 a 2,7)	2,3 ± 2,2 (-0,3 a 4,7)	4,0 ± 2,1 (1,8 a 6,2)	-0,542
Pase Primer Toque	9 ± 5,6 (3,1 a 14,9)	11,3 ± 2,9 (8,2 a 14,4)	10.3 ± 3.3 (6.8 to 13.8)	-0,105
Despeje	2,3 ± 1 (1,2 a 3,4)	3,8 ± 2,6 (1,1 a 6,6)	8 ± 2,9 (4,9 a 11,1)	-0,566
Poner el Balón en Juego	12,2 ± 4,3 (7,6 a 16,7)	16,5 ± 1,6 (14,8 a 18,2)	27,7 ± 3,8 (23,6 a 31,7)	-0,871 **

SSG L = Tamaño de Campo Grande (Large); **SSG M** = Tamaño Mediano (Medium); **SSG S** = Tamaño Pequeño (Small)

Tabla 17. Tamaño (m²) Empleado en la Investigación Reciente sobre SSG (a partir de Aguiar et al., 2012).

SSG FORMATO	TAMAÑO EMPLEADO		REFERENCIA
	MÍN	MÁX	
1vs1		100m² (50m²/J)	Dellal et al (2008)
2vs2	400m² (100m²/J)	800m² (200m²/J)	Dellal et al (2008); Hill-Haas et al (2009)
3vs3	240m2 (40m²/J)	2500m² (416.6m²/J)	Owen et al (2004)
4vs4	240m² (30m²/J)	2208m² (276m²/J)	Owen et al (2012); Owen et al (2011); Coutts et al (2009)
5vs5	240m² (24m²/J)	2500m² (250m²/J)	Owen et al (2013); Owen et al (2004); Coutts et al (2009)
6vs6	240m² (20m²/J)	2400m² (200m²/J)	Coutts et al (2009)
7vs7	875m² (62.5m²/J)	2200m² (157.1m²/J)	Owen et al (2013); Coutts et al (2009)
8vs8	2400m² (150m²/J)	2700m² (168.7m²/J)	Jones and Drust (2007); Dellal et al (2008)

SITUACIONES DE JUEGO REDUCIDO

Figura 29. Comparación de Acciones en Varias SSG, Independientemente del Tamaño Empleado
(a partir de Owen et al., 2004).

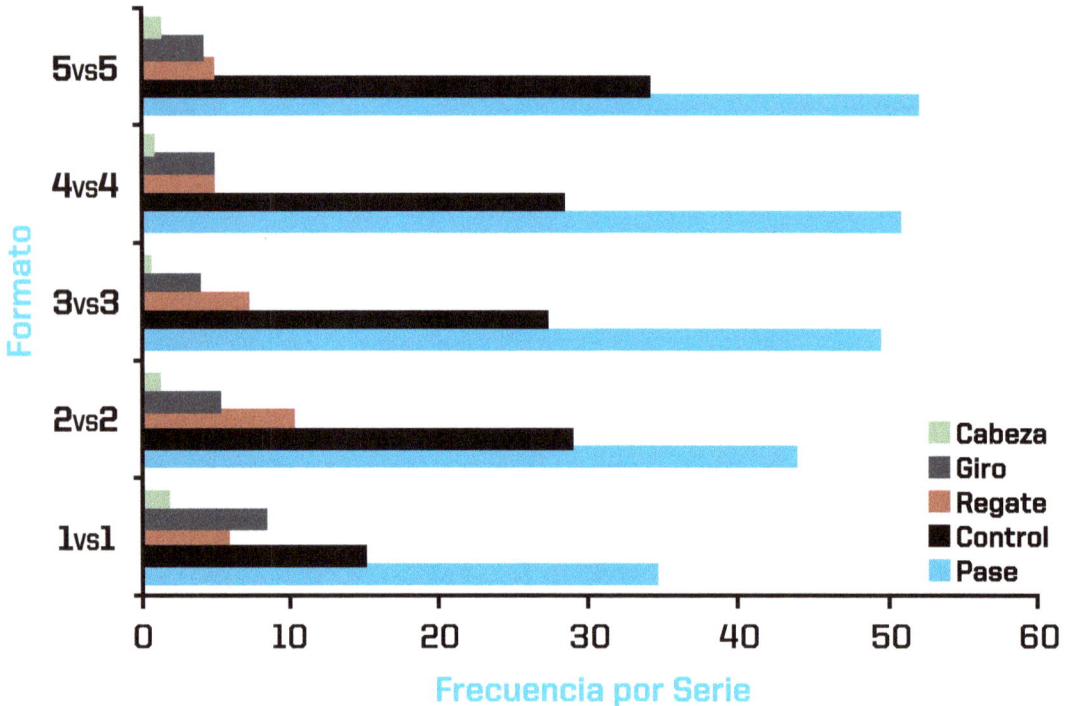

NÚMERO DE JUGADORES

La investigación reciente ha analizado la incidencia del número de jugadores, destacando que emplear menos jugadores en una **SSG** implica una respuesta de **FC** significativamente mayor en comparación con una **LSG** (Little y Williams, 2006; Hill-Haas et al., 2010; Owen et al., 2011; Owen et al., 2013). Aunque algunos estudios han mostrado conclusiones opuestas, el consenso tiende a promover la teoría de que diferentes formatos (p. ej. 2vs2; 3vs3) en el mismo área de juego pueden solicitar diferentes respuestas (Owen et al., 2004; Rampinini et al., 2007; Williams et al., 2007; Katis y Kellis, 2009; Hill-Haas et al., 2010). El aumento de la respuesta fisiológica (**FC** y valores de **La**) en las **SSG** con menos jugadores, puede estar relacionado con el incremento de las demandas técnicas en el espacio limitado (Owen et al., 2004). Según Dellal et al. (2011), la capacidad técnica del futbolista es determinante en el fútbol de élite, por lo que exponer al futbolista a más acciones técnicas durante el entrenamiento ayudará a la mejora de ese aspecto clave del rendimiento.

El Efecto del Número de Pases

Estos estudios previos han examinado la influencia de alterar el número de jugadores pero siempre en equipos con el mismo número de jugadores (p. ej. 2vs2 o 4vs4). Cabe destacar que existen pocos estudios sobre las demandas técnicas impuestas al futbolista de élite mediante el uso de **SSG** (Dellal et al., 2011; Dellal et al., 2012), en comparación con **MSG** y **LSG.** Se ha concluido que existen diferencias significativas entre cada tipo de situación de juego (**SSG, MSG, LSG**) en relación al número de pases, como muestra la **Tabla 18** de la siguiente página (Owen et al., 2013). Los resultados han mostrado que a mayor número de jugadores en el campo (p. ej. 9vs9; 10vs10 y 11vs11), serán realizados menor número de pases.

Esto podría ser debido a que un número reducido de jugadores en un espacio de juego pequeño permite aplicar más presión al poseedor de balón, incrementándose la necesidad de pase. Las situaciones de juego en espacios grandes (**LSG**) no posibilitan esa presión sobre el jugador, permitiendo al jugador mayor tiempo de contacto con el balón.

El Efecto del Número de Regates

Además en el estudio de Owen et al. (2013), hubo significativamente más regates dentro de las **SSG** en comparación con las **MSG** y **LSG** (Tabla 18). Debido a que hay menos opciones de pase dentro de las **SSG**, existe una mayor necesidad de los jugadores de regatear a sus oponentes para mantener la posesión. Sin embargo, ha sido sugerido que el número de jugadores debe ser cuidadosamente considerado por los entrenadores en su planificación, con un enfoque periodizado en la estructura de entrenamiento semanal. Parece existir consenso en que los partidos con un número reducido de jugadores pueden proporcionar un estímulo de entrenamiento técnico más eficaz, por el incremento de las acciones técnicas que conlleva la disminución del número de jugadores (Owen et al., 2004; Jones y Drust, 2007; Owen et al., 2013; Katis y Kellis, 2009).

Entrenamiento Periodizado

Una parte fundamental del diseño del entrenamiento es determinar qué juegos reducidos utilizar en días de entrenamiento específicos, para conseguir las adaptaciones específicas perseguidas tanto desde el punto de vista técnico como físico. Parte de este diseño del entrenamiento consiste generalmente en la elección por parte de los entrenadores de un número fijo e igual de equipos. Sin embargo, recientemente Aguiar et al. (2012), sugirieron que se está convirtiendo en una práctica cada vez más común que los entrenadores utilicen formatos de **SSG** en los que un equipo juega con una ventaja numérica frente a otro.

SITUACIONES DE JUEGO REDUCIDO

Uno de los pocos estudios publicados con respecto a emplear equipos con superioridad /inferioridad numérica concluyó que, a pesar de que los equipos en inferioridad registraron significativamente un mayor esfuerzo percibido (**RPE**), no hubo diferencias ni en las respuestas fisiológicas ni en las características del movimiento (Hill-Haas et al., 2010). Según estos autores, las situaciones de superioridad/inferioridad pueden proporcionar una variación útil en la intensidad de la **SSG** o actuar como entrenamiento técnico/táctico para el desarrollo de aspectos defensivos y ofensivos. Sin embargo, la posibilidad de que estos formatos muestren diferentes respuestas para conseguir la específica perseguida necesita ser confirmada con estudios adicionales. Las futuras investigaciones deben centrarse en las modificaciones técnico/tácticas que estas situaciones de entrenamiento implican en el fútbol de élite, al modificar reglas como el fuera de juego o limitar el movimiento de los jugadores en ciertas áreas, para ayudar en la configuración más detallada del desarrollo de los aspectos técnicos, tácticos y físicos del equipo.

Tabla 18. Comparación del Rendimiento Técnico Entre Situaciones de Juego Reducido en Espacios Pequeños (Small Sided Games, SSG), Medios (Medium Sided Games, MSG) y Grandes (Large Sided Games, LSG) (Owen et al., 2013).

__SSG__ = 4vs4; __MSG__ =5vs5 hasta 8vs8; __LSG__ = 9vs9 hasta 11vs11.

ACCIÓN	SSG a	MSG b	LSG c	TAMAÑO DEL EFECTO
Pase	184,8 (16,8) [bc]	147,5 (20.6) [c]	121,2 (5,0)	SSG vs MSG: 1,5 SSG vs LSG: 3,7 MSG vs LSG: 1,3
Control	147,8 (23,3) [bc]	117,2 (20,0)	94,0 (2,1)	94 (2,1) SSG vs MSG: 1,0 SSG vs LSG: 2,3 MSG vs LSG: 1,2
Giro	29,0 (2,4)	31,2 (3,1)	29,0 (5,8)	SSG vs MSG: 0,6 SSG vs LSG: 0 MSG vs LSG: 0,3
Regate	27,0 (4,9) [bc]	14,3 (7,3)	16,7 (3,5)	SSG vs MSG: 1,5 SSG vs LSG: 1,8 MSG vs LSG: 0,3
Cabeza	3,3 (2,2) [c]	3,7 (1,4) [c]	9,2 (2,2)	SSG vs MSG: 0,2 SSG vs LSG: 2,0 MSG vs LSG: 2,2
Entrada	14,8 (4,8)	9,0 (3,6)	10,3 (1,5)	SSG vs MSG: 1,0 SSG vs LSG: 0,9 MSG vs LSG: 0,3
Parada	6,3 (3,1)	7,8 (1,6)	9,3 (2,1)	SSG vs MSG: 0,4 SSG vs LSG: 0,8 MSG vs LSG: 0,6
Interceptación	14,5 (8,2)	18,5 (2,1)	23,7 (6,7)	SSG vs MSG: 0,5 SSG vs LSG: 0,9 MSG vs LSG: 0,8
Disparo	52,0 (7,4) [bc]	3,3 (2,2) [c]	12,8 (6,3)	SSG vs MSG: 1,8 SSG vs LSG: 4,2 MSG vs LSG: 1,8

* *a, b, c en la tabla muestran las diferencias significativas entre los diferentes formatos - SSG (a), MSG (b), y LSG (c).*

P.ej. En la columna SSG los pases son 184,8 con 'b,c' junto el valor porque es significativamente diferente este valor al de MSG (b) y LSG (c).

COMBINACIÓN DE DIMENSIONES DE CAMPO Y NÚMERO DE JUGADORES

Investigaciones previas en esta área han demostrado que la **SSG** (3vs3) crea una mayor respuesta de frecuencia cardíaca (**FC**), menor número de toques de balón por jugador y menos toques totales de balón por partido frente a las **LSG** (Owen et al., 2011). Desafortunadamente, este estudio en particular sólo tuvo en cuenta la **FC** y ciertos parámetros técnicos, sin efectuar un análisis de movimiento más detallado. De manera similar Dellal et al. (2012), encontraron que todas las posiciones específicas presentaban valores de **FC** más altos con más acciones de alta intensidad durante los **SSG** (4vs4), pero con concentraciones de lactato en sangre más bajas en comparación con los **LSG** (juego real), aunque ya hemos cuestionado la fiabilidad del uso del **La** como indicador de la intensidad en partido.

A pesar de la extensa investigación sobre las respuestas físicas, técnicas y de movimiento de las **SSG** (4vs4, 5vs5) y su uso en el fútbol (Casamichana y Castellano, 2010; Dellal et al., 2011; Owen et al., 2011; Casamichana et al., 2012; Owen et al., 2012), nuestra comprensión de cómo maximizar su función no es completa. Investigaciones anteriores han discutido las respuestas fisiológicas de estas situaciones en espacios pequeños de forma aislada, sin embargo, su implementación debe ser considerada cuidadosamente como parte de una estructura avanzada de planificación (Owen et al., 2012), representativa de las actividades cotidianas dentro de un club de fútbol profesional. Para hacer un uso eficaz de las **SSG** como estímulo condicional, es necesario desarrollar una comprensión exhaustiva de las respuestas fisiológicas y de movimiento asociadas a cada variación empleada (Hill-Haas et al., 2009).

Owen et al. (2011), indicaron que al aumentar simultáneamente el tamaño de los campos y el número de jugadores, se observó una gran diferencia práctica entre las situaciones jugadas en espacios pequeños y grandes en términos de exigencia técnica (por ejemplo, menor número de cabezazos, interceptaciones, pases y más regates, tiros y entradas). Junto con estos datos, las **SSG** implican significativamente menos toques totales de balón por partido, pero significativamente más toques por jugador en comparación con las **LSG**. Las diferentes exigencias técnicas impuestas a los jugadores al variar el tamaño del campo y el número de jugadores, ofrecen a los entrenadores la oportunidad de proporcionar un entrenamiento más específico mediante el uso de unos formatos de juegos en espacios reducidos frente a otros. Por ejemplo, las **SSG** pueden ser más adecuadas para las exigencias técnicas de los jugadores centrocampistas o delanteros, ya que se fomentan las opciones de regate y tiro junto con una mayor participación individual directa sobre el balón. Por el contrario, las **LSG** pueden ser más apropiadas para el desarrollo técnico y táctico de los defensores, ya que las investigaciones sugieren que estos espacios de juego dan a los jugadores más oportunidades de bloquear, interceptar y realizar duelos aéreos.

Estas sugerencias coinciden con las obtenidas por Jones y Drust (2007), quienes compararon las diferencias entre un espacio medio (8vs8) y otro pequeño (4vs4). Esta investigación en particular reveló diferencias técnicas significativas con respecto al número de toques, con un aumento significativo de toques en el 4vs4.

En general, se puede concluir que los cambios simultáneos en el tamaño del campo y en el número de jugadores conducen a cambios significativos en las exigencias técnicas impuestas a los jugadores. Además desde el punto de vista táctico, se puede sugerir que estos requisitos tácticos aumentan a medida que el número de jugadores se hace mayor. Por ejemplo, los juegos de espacios medios y grandes solicitan más movimientos posicionales tácticos específicos, mientras que en espacios pequeños el desempeño táctico es mucho más limitado, aunque aumenta la intensidad del juego como lo demuestra el aumento de la carga interna (respuesta de la **FC**) y la carga externa (metros por minuto).

CAMBIOS EN LAS REGLAS

La literatura reciente ha analizado diferentes formas de manipular la intensidad y las exigencias técnicas de estas tareas de entrenamiento. Una de estas formas, además del número de jugadores y tamaño del campo, es imponer reglas o restricciones técnicas (Aguiar et al., 2012; Clemente et al., 2012). Según algunas investigaciones, los entrenadores podrían incrementar la distancia total recorrida en esprint y a alta intensidad, proporcionar más situaciones de 1vs1, incrementar la posesión y la cantidad de toques sobre el balón, así como exponer al jugador a las situaciones más exigentes del juego.

Parece que cambiar o modificar las reglas o ciertas imposiciones técnicas, puede tener un impacto significativo en el perfil de movimiento y las demandas fisiológicas impuestas a los jugadores. Cabe señalar sin embargo, que se necesitan más investigaciones para cuantificar el efecto exacto que los cambios de reglas específicas inducen sobre estas variables, ya que hasta la fecha el estudio de Dellal et al. (2011), es el único que emplea cambios de reglas en jugadores de élite. Parece haber un gran vacío en la literatura que examina la influencia de modificar el número de toques de balón permitidos por jugador, con respecto a las respuestas físicas y técnicas en este nivel. Los pocos estudios realizados se han efectuado tanto con jugadores juveniles (Sampaio et al., 2007), como con jugadores amateurs (Aroso et al., 2004), revelando incrementos en los valores de **RPE** y en los niveles de **La** cuando las **SSG** se jugaron sin reglas, frente a jugar con un máximo de 2 o 3 toques. Sin embargo en ambos estudios, cabe destacar que no se encontraron cambios en el porcentaje de la **FCmax.** Son necesarias investigaciones adicionales similares a las de Dellal et al. (2011), que empleen las modificaciones técnicas más utilizadas en el fútbol de élite profesional, tales como variar el número de toques de balón por jugador, incluir o no la regla de fuera de juego o limitar el movimiento del jugador para resaltar un elemento táctico específico.

Ngo et al. (2012), analizaron el efecto de manipular las normas defensivas en una **SSG** comparando la intensidad a la que se jugó el 3vs3 con marca o sin marca al hombre. El estudio reveló que los jugadores jóvenes que participaron incrementaron un 4.5% la intensidad de la **FC** cuando jugaron con marca individual, poniendo de manifiesto que la intensidad de esta **SSG** puede verse modificada mediante el empleo de este tipo de recurso táctico defensivo.

Los entrenadores pueden modificar las reglas de juego para conseguir mayor intensidad, inducir mayor implicación técnica o trabajar determinados aspectos tácticos. La investigación efectuada ha avalado estas modificaciones (Dellal et al., 2008), sugiriendo que los cambios de reglas pueden proporcionar una oportunidad para influir en las demandas técnicas, tácticas y físicas. Para tener éxito en el fútbol actual, se requiere que los jugadores de élite jueguen a una intensidad extremadamente alta y con pocos toques de balón, con la finalidad de mantener la posesión y conseguir ocasiones de gol (Dellal, 2008).

Recientemente se ha realizado un estudio al respecto, destacando algunos hallazgos muy interesantes (Dellal et al., 2011). Los jugadores realizaron 3 formatos diferentes de **SSG** (2vs2; 3vs 3; 4vs4) en 3 ocasiones diferentes en las que el número de toques de balón fue fijado a 1 toque, 2 toques y cantidad ilimitada de toques (toque libre). Se analizaron las demandas físicas (**FC, La** y **RPE**) y técnicas con los siguientes resultados:

- **Técnicamente:** El porcentaje de pases exitosos y duelos (situaciones de 1vs1), fueron significativamente menores cuando se jugó a 1 toque.

- **Físicamente: SSG** jugadas a 1 toque incrementaron la concentración de **La**, la **RPE**, la distancia total recorrida y la distancia recorrida en esprint y a alta intensidad.

SITUACIONES DE JUEGO REDUCIDO

Conclusión del Estudio

Los autores de esta investigación concluyeron que alterando el número de toques permitidos en estas situaciones de juego reducido, las demandas técnicas y físicas pueden ser manipuladas significativamente.

Por tanto, los entrenadores deben implementar cuidadosamente las reglas del juego (por ejemplo, 1 toque, 2 toques o juego libre) para lograr el propósito específico deseado en este tipo de ejercicios de entrenamiento (Dellal et al., 2011).

Tabla 19. Respuestas Técnicas en Diferentes Formatos de SSG Empleando Diferentes Reglas
(a partir de Dellal et al., 2011). (LOS TOTALES SON PROMEDIOS)

FORMATO	REGLAS	NÚMERO DE DUELOS	DUELOS POR MINUTO	PASES EXITOSOS (%)	NÚMERO DE BALONES PERDIDOS	BALONES PERDIDOS POR MINUTO	NÚMERO TOTAL DE POSESIONES
2vs2	1 Toque	17,1	2,1	42,5	23,5	2,9	50,6
2vs2	2 Toque	28,5	3,6	60,5	14,1	1,8	41,4
2vs2	Toque Libre	26,1	3,2	66,4	13,9	1,7	40,9
3vs3	1 Toque	30,9	2,5	52	17,1	1,4	51,8
3vs3	2 Toque	28,1	2,4*	69,9	15,1	1,3	43,7
3vs3	Toque Libre	26,8	2,2	71	14,3	1,2	41,7
4vs4	1 Toque	18,0	1,1	49,8	14,8	0,9	41,6
4vs4	2 Toque	16,5	1,0	68,9	13,6	0,8	34,7
4vs4	Toque Libre	25,1	1,5	73,4	13,2	0,8	31,5

SITUACIONES DE JUEGO REDUCIDO

(a) Variaciones en la Forma de Marcar

En muchos niveles de entrenamiento futbolístico (por ejemplo, de jóvenes a profesionales de élite), los entrenadores utilizan muchos métodos diferentes para marcar goles, siendo uno de los métodos más utilizados para variar las sesiones o ejercicios de entrenamiento el uso de diferentes objetivos o formas de marcar. Según investigaciones previas, uno de las variables menos analizadas o descritas para incidir sobre la intensidad del juego es el método de marcar (Bangsbo, 1994; Balsom, 2000; Mallo y Navarro, 2008), o proporcionar un objetivo para marcar (por ejemplo marcar goles o mantener la posesión del balón durante un número determinado de pases). Aunque el objetivo principal del juego es marcar más goles que el rival, según Clemente et al. (2012), no se ha publicado ninguna investigación específica sobre los efectos del empleo de diferentes porterías (pequeñas o tradicionales) en las exigencias técnicas o físicas del fútbol.

Se puede sugerir que el uso de porterías más pequeñas, en lugar de las estandarizadas, puede limitar las oportunidades de gol de un jugador debido al tamaño significativamente reducido. Basado en este aspecto, los jugadores podrían necesitar madurar la posesión para crear una oportunidad de gol mejor, manteniendo así la posesión durante un periodo más prolongado de tiempo, lo que podría incrementar la intensidad y los requerimientos de movimiento.

Un estudio analizó 3 opciones diferentes para marcar (Duarte et al., 2010):

A. Línea de Gol, los jugadores para marcar debían driblar para sobrepasar una línea colocada al final del campo.

B. Porterías Dobles, los jugadores podían marcar en cualquiera de las dos porterías situadas en extremos opuestos del campo.

C. Portería Tradicional, se marcó en una única portería centrada.

Los resultados del estudio destacaron que las respuestas de frecuencia cardíaca (**FC**) asociadas a la tarea (A), fueron mayores que las asociadas con el empleo de porterías dobles (B) y portería tradicional (C). Por lo tanto según los autores, los datos mostraron una mayor estimulación cardiovascular con el empleo de la tarea en la que los jugadores tenían que marcar sobrepasando la línea de gol.

Figura 30 A. Ejemplo de Modificación del Juego – "Línea de Gol" (descrito en Duarte et al., 2010).

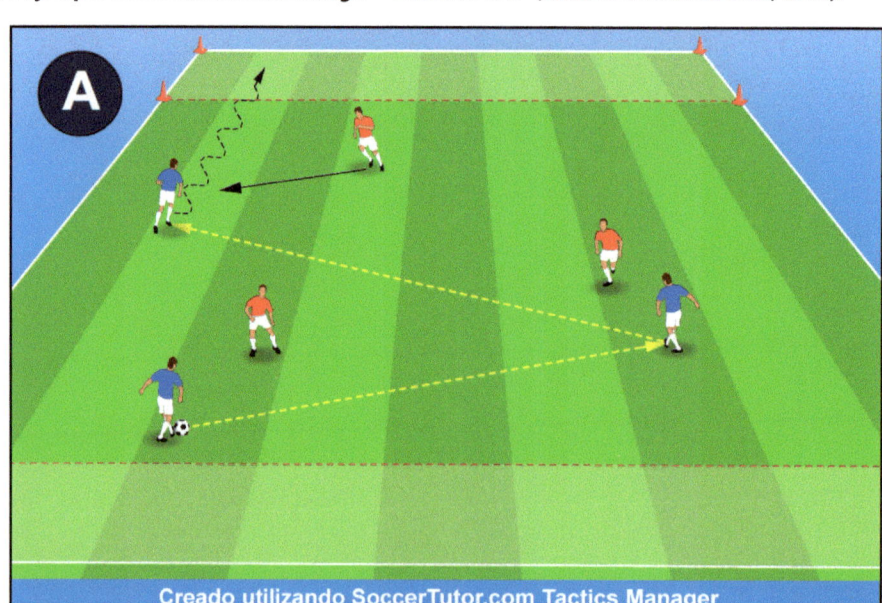

SITUACIONES DE JUEGO REDUCIDO

Figura 30 B. Ejemplo de Modificación del Juego – "Portería Doble" (descrito en Duarte et al., 2010).

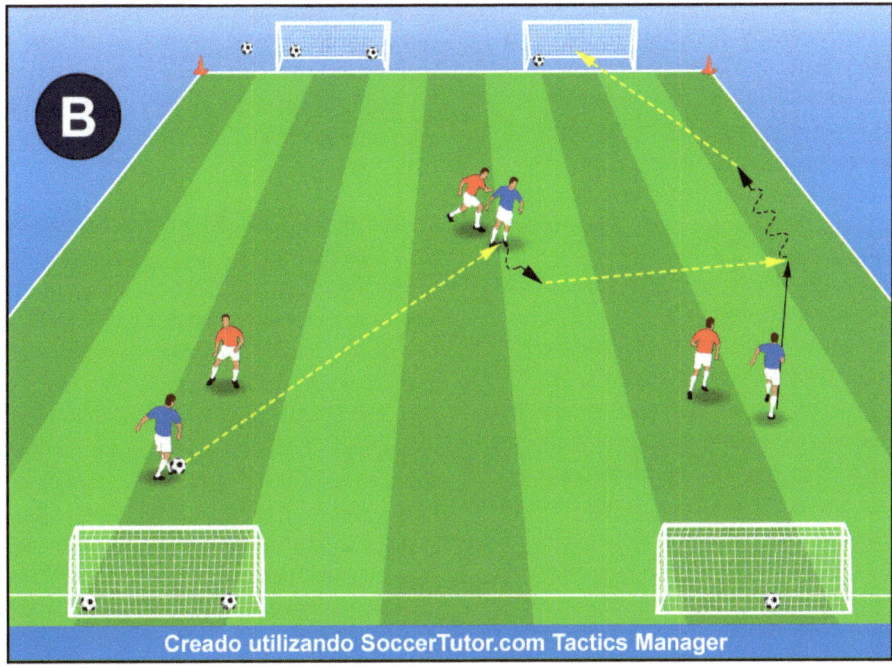

Figura 30 C. Ejemplo de Modificación del Juego – "Portería Tradicional" (descrito en Duarte et al., 2010).

SITUACIONES DE JUEGO REDUCIDO

(b) Posesión del Balón (Con vs Sin Juego Direccional)

En contraste con los juegos que incluyen la opción de marcar (línea de gol, una o varias porterías), hay muchos entrenadores que realizan estos juegos sin la presencia de un objetivo en particular. Sin embargo, realizar juegos de posesión sin tener que atacar o defender un objetivo en particular, como por ejemplo portería o determinadas zonas, no es realmente propio de la naturaleza del juego.

Hay una ausencia significativa de investigaciones centradas en la respuesta a diferentes situaciones de juego direccional (Aguiar et al., 2012; Clemente et al., 2012). En la élite, los entrenadores han descrito la importancia de las fases de transición entre el juego ofensivo y defensivo y viceversa, basándose en el hecho de que es determinante un alto nivel de eficacia en estas transiciones para el éxito del equipo. De hecho, el análisis de FIFA sobre las tendencias del fútbol moderno en 2006, reveló que el 70% de los goles marcados fueron resultado de situaciones de contraataque (menos de 10 segundos).

"…Lo más importante en el fútbol de hoy sucede cuando la pelota se gana o se pierde…" (Gerard Houllier)

Si los jugadores no se enfrentan a ninguna limitación táctica dentro del juego y no mantienen la posesión con el fin de construir hacia un objetivo específico o una dirección de gol, podría esperarse una menor demanda técnica, sin embargo, se necesita más investigación para justificar esta afirmación. Estas sugerencias de intensidad reducida y las subsiguientes exigencias técnicas debidas a la ausencia de un elemento direccional específico, pueden basarse en los hallazgos de Mallo y Navarro (2008), quienes efectuaron un análisis de los parámetros técnicos en función de la presencia de guardametas. Encontraron que había un menor número de acciones técnicas totales en estas situaciones.

Más adelante discutiremos la incidencia de la presencia del portero en las situaciones de juego reducido (parte d).

(c) Estímulo del Entrenador

Se ha sugerido que la supervisión directa y el estímulo verbal del entrenador, mientras se entrena, mejoran la adherencia a un programa de ejercicios, aumenta la intensidad del entrenamiento y las variables relacionadas con el rendimiento (Mazzetti et al., 2000; Hill-Haas et al., 2011).

Se cree que el efecto del estímulo del entrenador es una variable fundamental para influir significativamente en el estrés fisiológico y técnico, siendo determinante para muchos autores, por ser uno de los factores que influyen en la respuesta fisiológica del jugador a las **SSG** (Rampinini et al., 2007; Aguiar et al., 2012; Clemente et al., 2012). Este estímulo verbal específico proporcionado por los miembros del cuerpo técnico se sugiere necesario para influir directamente en el esfuerzo físico de los jugadores, lo que podría añadir también una mayor implicación técnica (Rampinini et al., 2007). Estos efectos pueden desempeñar un papel fundamental en la implicación de los jugadores durante el entrenamiento, ya que la motivación externa proporcionada por la supervisión del entrenador puede lograr mayores beneficios fisiológicos (Coutts et al., 2004).

Ha habido un aumento gradual de los estudios que han analizado los efectos del estímulo del entrenador y su influencia en la respuesta fisiológica del jugador dentro de las **SSG** (Rampinini et al., 2007; Hill-Haas et al., 2011). Sin embargo, las respuestas técnicas de la inclusión de este factor motivacional aún carecen de investigación. De la literatura que investiga en fútbol los beneficios físicos de este estímulo, el estudio de Rampinini et al. (2007), encontró un aumento en la respuesta de la **FC**, **La** y **RPE** dentro de las **SSG** cuando se usó el estímulo del entrenador, en comparación con entrenar sin estímulo. Consecuentemente y según Hill-Haas et al. (2011), esta variable puede jugar un papel vital dentro de las **SSG** si se requiere trabajo de alta intensidad dentro de la sesión, especialmente si los entrenadores involucrados proporcionan aliento verbal a lo largo de la realización del trabajo.

(d) Inclusión de Porteros

La inclusión de los porteros en tareas de entrenamiento o **SSG** es fundamental tanto para el desarrollo del jugador de campo como para ellos mismos. Mallo y Navarro (2008), encontraron que su inclusión influyó significativamente sobre la respuesta fisiológica y táctica de los jugadores. Sugirieron que la inclusión de los porteros llevó a una disminución de la intensidad de juego, sin embargo, este factor podría ser dependiente de las reglas específicas utilizadas y el objetivo técnico o táctico de la sesión, en comparación con otros formatos o ejercicios empleados. Esta sugerencia también fue confirmada por Dellal et al. (2008), quienes observaron que la intensidad descendía al introducir los porteros. En concreto, encontraron menor **FC** en formatos de juego con porteros frente al mismo formato sin ellos. Esta inferior intensidad puede no deberse únicamente a la presencia del portero, sino también a la propia naturaleza direccional del juego (p.ej. trabajar hacia una portería concreta o una zona de marca). De acuerdo con esto, cualquier otro juego direccional específico sin la inclusión de los guardametas también podría conllevar una reducción de la intensidad del entrenamiento (Aguiar et al., 2012; Clemente et al., 2012).

Los efectos sobre la respuesta técnica de las **SSG** con porteros, frente a no usarlos, requiere más investigación al ser muy limitada la que existe en la actualidad. Las respuestas físicas han sido más analizadas que las técnicas dentro de estos juegos, mostrando el análisis de los parámetros técnicos un menor número de acciones técnicas totales con presencia de porteros (Mallo y Navarro, 2008).

Mallo y Navarro (2008) mostraron que la participación de un guardameta en las **SSG** podría cambiar potencialmente las respuestas relacionadas con la intensidad del juego, así como la perspectiva táctica debido al hecho de que algunos jugadores pueden mostrar mayores niveles de motivación que otros al tener la oportunidad de disparar y marcar (Dellal et al., 2008). Además, las investigaciones previas suponen que el objetivo de intentar marcar y simultáneamente evitar que marque el oponente puede tener una influencia significativa posibilitando una mayor actividad por parte del futbolista y por tanto un mayor esfuerzo (Stolen et al, 2005; Dellal et al., 2008). Desde un punto de vista defensivo, la inclusión de guardametas conducirá probablemente a una estructura defensiva más organizada para proteger la portería, desempeñando un papel fundamental en la intensidad del juego.

Mallo y Navarro (2008), encontraron descensos significativos en %**FCmax**, distancia total recorrida (**DTR**) y carreras de alta intensidad durante un 3vs3 con porteros. Los resultados de este estudio también sugirieron que la reducción de la respuesta fisiológica y del movimiento se debió al aumento de la organización defensiva, que pudo reducir la intensidad de juego y las respuestas fisiológicas y de movimiento.

Sin embargo, investigaciones recientes han mostrado una opinión contraria a los hallazgos de Mallo y Navarro, encontrándose un aumento del 12% en la **FC** durante un 8vs8 con porteros (Dellal et al., 2011). La presencia de guardametas pudo haber aumentado la motivación tanto para atacar como para defender, aumentando así la respuesta fisiológica (Dellal et al., 2011).

En la actualidad, la influencia de los guardametas en la intensidad de los ejercicios de las **SSG** no está clara, sin embargo, pueden desempeñar un papel importante en el mantenimiento de la estructura del equipo, así como en el desarrollo de líneas de comunicación dentro del propio entrenamiento. Estos principios fundamentales también pueden influir de forma significativa en el movimiento, la destreza y la demanda fisiológica impuesta a los jugadores dentro de los partidos. Sin embargo, para aclarar los efectos desde el punto de vista físico, técnico y táctico por la presencia de porteros, se requieren futuros estudios que determinen su influencia.

(e) Duración y Número de Series

Se ha discutido ampliamente que el entrenamiento mediante el uso de **SSG** es una forma eficiente y efectiva de promover la mejora aeróbica y el desarrollo de la resistencia específica del fútbol (Owen et al., 2012), y que el uso de esta metodología específica como medio para realizar esfuerzos similares a la competición ha atraído el interés de la investigación relacionada con el fútbol (Dellal et al., 2011; Hill-Haas et al., 2011; Owen et al., 2011). Debido al hecho de que las adaptaciones de entrenamiento se crean a través de estímulos específicos del deporte, en estas **SSG** garantizar una intensidad de ejercicio adecuada es probablemente una de las variables clave para influir en la respuesta al entrenamiento (McMillan et al., 2004). Habiendo descrito previamente las variables (número de jugadores, tamaño de los campos, estímulo del entrenador, etc.) asociadas a la manipulación de la intensidad dentro de las **SSG** (Owen et al., 2004; Dellal et al., 2008; Hill-Haas et al., 2011), otro factor que juega un papel significativo es la duración de los partidos. Según Franchini et al. (2010), aunque la duración juega un papel importante en la intensidad del ejercicio, parece haber sido pasada por alto como tema de investigación.

Para examinar si el aumento en la duración de los partidos afectaría la intensidad del ejercicio y las acciones técnicas, Franchini et al. (2010), manipularon la duración dentro de un formato de **SSG**. Tras el estudio se concluyó que el aumento de la duración de 2 a 6 minutos resultó en una disminución de la intensidad entre los minutos 4 y 6. Además, la duración no influyó significativamente en las acciones técnicas dentro de la **SSG** ni en los cambios de **FC** (89,5% vs 87,8% de la **FCmax**), detallándose que la diferencia encontrada no era suficiente para causar adaptaciones de entrenamiento diferentes. Los autores concluyeron que los entrenadores pueden usar diferentes duraciones de partidos para inducir intensidades de entrenamiento similares, sin comprometer el rendimiento técnico de los jugadores.

Aunque Franchini et al. (2010) sugieren que las duraciones de los partidos de 2 a 6 minutos inducen intensidades similares de juego desde la perspectiva de la **FC**, de acuerdo con Hoff et al (2002), los estudios piloto que han empleado las **SSG** indicaron que sería necesario usar períodos de 4 minutos para alcanzar al menos 3 minutos de alta intensidad. Este es un factor muy importante a la hora de decidir la duración de las situaciones de juego reducido para el desarrollo condicional, ya que parece haber una relación directa entre el tiempo de entrenamiento a alta intensidad cardiovascular y la mejora del rendimiento (Hoff et al., 2002; McMillan et al., 2004). Además, para asegurar que los jugadores alcancen y mantengan la intensidad requerida dentro de las **SSG**, la duración debe ser lo suficientemente larga como para causar una sobrecarga que permita que se produzcan adaptaciones fisiológicas, sin incrementar el riesgo de causar lesiones por fatiga. Como Hoff et al. (2002) sugirieron que la **FC** tarda aproximadamente 1 minuto en alcanzar la zona de alta intensidad requerida para causar mejoras en el rendimiento, argumentaron que las series de 2 minutos usadas dentro del estudio de Franchini et al. (2010), podrían no ser suficientes.

Elegir la duración correcta de las **SSG** es muy importante para limitar el riesgo de lesiones cuando se está fatigado. Estos ejercicios implican aceleraciones, desaceleraciones, giros y cargas, por lo que el estrés impuesto a los jugadores dentro de estos juegos puede ser potencialmente muy alto. Estas **SSG** con cambios de dirección, contacto físico e interceptaciones son físicamente exigentes y las duraciones prolongadas pueden llevar a mayores niveles de fatiga. Los juegos sobre 3-4 minutos de duración, después de una recuperación más corta, pueden ser más adecuados para los formatos pequeños (Fox y Mathews, 1974). Con respecto a la relación trabajo/descanso utilizada dentro de las **SSG**, se necesita investigación adicional, ya que la clave es asegurar la eficiencia del trabajo y permitir la mejora del rendimiento sin riesgo de lesión. Cuando se discute sobre la duración total de ejercicio dentro de las sesiones de entrenamiento Noakes (2004), ha sugerido que es de vital importancia comprender plenamente la reacción del organismo ante la duración total del ejercicio que se va a realizar y atender a la percepción subjetiva del esfuerzo del individuo, para evitar causar grandes cantidades de daño muscular.

SITUACIONES DE JUEGO REDUCIDO

FISIOLOGÍA DE LAS *SSG* EN EL ENTRENAMIENTO

Por Hill-Haas, Dawson, Impellizeri y Coutts Sports Medicine 2011

Las Situaciones de Juego Reducido (**SSG**) son jugadas en espacios pequeños, con modificación de reglas e implicando a menos jugadores que el fútbol tradicional. Estos juegos están menos estructurados que los métodos de preparación física tradicionales, pero son situaciones de entrenamiento muy empleadas con jugadores de todas las edades y niveles.

VARIABLES AJUSTABLES

Muchas variables controladas por el entrenador pueden influir en la intensidad del ejercicio durante las **SSG**

ÁREA DE JUEGO

ESTÍMULO DEL ENTRENADOR

MÉTODO DE ENTRENAMIENTO
Continuo vs Interválico

NÚMERO DE JUGADORES

REGLAS

EMPLEO DE PORTEROS

ASPECTOS CLAVE

1 En general, parece que la intensidad en las SSG se incrementa con la reducción del número de jugadores y el incremento del área de juego por jugador.

2 Sin embargo, la relación inversa entre número de jugadores en cada SSG e intensidad no es aplicable a las características del movimiento en el tiempo.

3 El estímulo del entrenador puede incrementar la intensidad del entrenamiento, pero muchas de las reglas empleadas no tienen ese efecto sobre la intensidad del esfuerzo.

4 SSG con pocos jugadores pueden exceder la intensidad de partido y solicitar intensidades similares a los métodos de carrera interválica a alta intensidad.

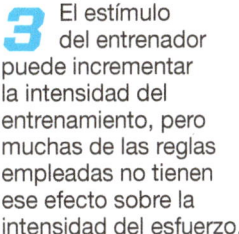

5 El rendimiento condicional y específico del fútbol puede ser mejorado de igual manera con SSG o ejercicios de entrenamiento genéricos.

Diseñado por @YLMSportScience

3. PERIODIZACIÓN DE LAS SITUACIONES DE JUEGO REDUCIDO

PERIODIZACIÓN DE LAS SITUACIONES DE JUEGO REDUCIDO

Como bien sabemos por la literatura que estudia las situaciones de juego reducido, muchas variables pueden ser manipuladas para influir significativamente en la intensidad y velocidad del juego. Para maximizar la estructura semanal de entrenamiento dentro del fútbol es imperativo que los jugadores experimenten varios niveles de intensidad y velocidad de movimientos, con el fin de prepararse para las demandas competitivas. La capacidad para planificar y diseñar un programa con la carga adecuada de entrenamiento (intensidad, volumen y frecuencia), juega un papel clave a la hora de evitar lesiones y mejorar el rendimiento físico y técnico. En este contexto, el término "planificación anticipada" o "periodización" debe ser considerado como estrategia funcional para el desarrollo tanto del rendimiento como de la prevención de lesiones. Podría decirse que esta estrategia de "planificación avanzada" puede ser el factor más importante que influye en el rendimiento y la prevención de lesiones, debido al hecho de que el cuerpo técnico implementa y dirige la mayoría de las sesiones de entrenamiento sobre en el terreno de juego (Dellal et al., 2013). La planificación avanzada entre el personal técnico, físico y médico es vital para obtener un volumen e intensidad correctos en el entrenamiento y garantizar las máximas prestaciones del jugador antes del partido (Owen et al., 2013). Podría decirse que las limitadas publicaciones disponibles en torno a este tema se deben al hecho de que este área particular, dentro del diseño del entrenamiento, depende del entrenador y en la mayoría de los casos está dirigida por el personal técnico.

Examinando este tema más a fondo y en base a la limitada cantidad de investigación existente Owen et al. (2012), analizaron los efectos de un plan de entrenamiento con **SSG** durante las 4 semanas de parón invernal, sobre los cambios en el rendimiento físico (velocidad, rendimiento aeróbico y capacidad de repetir esprints- **RSA**) en futbolistas europeos de élite.

Participaron en este estudio jugadores de élite profesionales que estaban compitiendo en la Liga de Campeones en ese momento. El estudio consistió en 7 sesiones que emplearon como formato de **SSG** 3vs3 + porteros, con partidos de 3 minutos de duración y un aumento progresivo del número de partidos (de 5 a 11) durante el período de intervención. Los resultados revelaron lo siguiente:

- Una significativa mejora en la capacidad de repetir esprints (**RSA**), mediante la mejora en 10m y el tiempo total de esprint.

- Un pequeño porcentaje de reducción del rendimiento aeróbico.

- Una mejora en la economía de carrera (**EC**) mediante la reducción del **VO2** y la **FC** a 9, 11 y 14 km por hora.

Los autores concluyeron que el estudio demostró que la implementación periodizada de **SSG**, en los entrenamientos efectuados durante el parón invernal, fue capaz de mejorar las características físicas de los futbolistas. Por tanto, cabe destacar que el hecho de poder desarrollar características físicas en conjunción con los elementos técnicos y tácticos del juego en un periodo de tiempo relativamente corto, hace que las situaciones de juego en formatos reducidos sean una propuesta atractiva tanto para los jugadores como para los entrenadores.

4. EVALUACIÓN DE LA CARGA DE TRABAJO EN LAS SITUACIONES DE JUEGO REDUCIDO

EVALUACIÓN DE LA CARGA DE TRABAJO EN LAS SITUACIONES DE JUEGO REDUCIDO

Cada técnico involucrado en el desarrollo del rendimiento físico de los jugadores tiene sus propias opiniones sobre la planificación, el diseño y la ejecución de los programas de entrenamiento, pero cualquiera que sea el método que se planifique y utilice, el objetivo final es controlar y manipular la fatiga y el nivel de rendimiento de los jugadores, al tiempo que se minimiza el riesgo de lesiones y se garantiza el restablecimiento de las mejores prestaciones del jugador antes del partido. Según una investigación reciente de Owen et al. (2013), las variables físicas y técnicas de ciertos formatos de juego (de 3vs3 a 11vs11) en el fútbol profesional de élite, deben ser entendidas y tomadas en consideración durante la etapa de diseño del entrenamiento. Realizar el tipo correcto de juego en el momento específico de la semana de entrenamiento puede permitir la mayor eficiencia de la sesión de entrenamiento.

Recientemente, tanto la investigación como el trabajo aplicado en torno a las **SSG** han dado lugar a un mayor conocimiento sobre los aspectos metabólicos y físicos que las caracterizan (Dellal et al., 2011; Hill-Haas et al., 2011; Owen et al., 2011). Sin embargo, los estudios efectuados hasta la fecha sobre los efectos de estas situaciones de entrenamiento en la función inmune y la recuperación de los jugadores son escasos (Sari-Sarraf et al., 2007; Thorpe y Sunderland, 2011). En el fútbol moderno, la inmunodepresión del futbolista (una deficiencia en uno o más componentes del sistema inmunológico) se ha relacionado con la dificultad de recuperarse del esfuerzo tras el entrenamiento en los atletas (Neiman, 1994). Basado en esta relación, la respuesta al entrenamiento y la monitorización de la recuperación están recibiendo mayor atención que antes. Gran parte de la investigación inmunológica efectuada con atletas de élite se ha centrado principalmente en las respuestas inmunitarias salivales después del ejercicio (Pedersen et al., 2000); los atletas experimentan una disminución transitoria de la función inmunológica de 3 a 72 horas después de un entrenamiento extenuante o una competición (Pedersen y Ullum, 1995). Es durante este período de "ventana abierta" de depresión inmunológica, como propone la relación en forma de "J" de Nieman (Neiman, 1994), donde los atletas tienen mayor riesgo de desarrollar una infección del tracto respiratorio superior, infecciones de garganta y pecho. Como se ha indicado anteriormente, las **SSG** son una intervención de entrenamiento extenuante y la manipulación de variables clave conduce a un aumento de los esfuerzos físicos que pueden dejar a los jugadores en un estado inmunodeprimido. Sobre la base de este concepto, la carga de trabajo y la intensidad deben planificarse, controlarse y evaluarse, con el fin de garantizar que se aplica el estímulo correcto en el momento adecuado.

Aunque hay pruebas claras en la literatura científica de una asociación entre la inmunosupresión (la supresión parcial o completa de la respuesta inmunitaria de un individuo) y el volumen o la duración del ejercicio (Nakamura et al., 2006), la influencia de la intensidad del ejercicio y su interacción con el volumen de entrenamiento necesitan aclaraciones adicionales. El entrenamiento duro y exigente, como puede conllevar la realización de **SSG**, puede comprometer la inmunidad del futbolista mediante disminuciones en las concentraciones de s-IgA (inmunoglobulina A salival, que es parte de la respuesta inmunológica adaptativa), dejando así a los deportistas susceptibles de contraer infecciones o lesiones musculares. Un solo día entre partidos y entrenamientos intensos consecutivos puede ser inadecuado para la recuperación completa, predisponiendo al jugador a la enfermedad o la lesión. Como resultado, la planificación de las sesiones de entrenamiento incluidos los juegos reducidos de entrenamiento específicos, debe hacerse con cuidado para garantizar que se proporciona el estímulo adecuado en el momento adecuado. Asegurarse de que área de juego, número de jugadores y duración de las series están bien determinados, es clave para conseguir una correcta preparación del jugador.

SITUACIONES DE JUEGO REDUCIDO

El continuo desarrollo de los sistemas de monitorización mediante **GPS** y **FC**, permite a los entrenadores obtener datos en tiempo real durante el entrenamiento. Estos datos obtenidos en las **SSG** en tiempo real (p.ej. distancia total recorrida, a alta intensidad, en esprint), pueden ayudar a gestionar la intensidad adecuada impuesta a los jugadores para limitar el riesgo potencial de una excesiva fatiga, permitiendo al mismo tiempo al cuerpo técnico implementar la sesión con el objetivo de conseguir la intensidad requerida.

5. LIMITACIONES DE LAS SITUACIONES DE JUEGO REDUCIDO

LIMITACIONES DE LAS SITUACIONES DE JUEGO REDUCIDO

Es innegable que varios estudios han demostrado que las respuestas fisiológicas de las **SSG** pueden modificarse manipulando variables (Abrantes et al., 2012), como el tamaño del campo (Owen et al, 2004; Casamichana y Castellano, 2010), el número de jugadores (Hill-Haas et al., 2010), la duración de las series (Franchini et al., 2010), la forma de marcar (Duarte et al., 2010) y el estímulo de los entrenadores (Rampinini et al., 2007). Sin embargo, basándose en su aparición como un método de entrenamiento útil para el desarrollo de la aptitud aeróbica y de las habilidades técnico-tácticas (Dellal et al., 2008; Owen et al., 2011), cuando se compara con el partido real parece que las **SSG** pueden ser incapaces de replicar las demandas de alta intensidad y esprints repetidos (Gabbett y Mulvey, 2008; Casamichana et al., 2012). Estos resultados se ven reforzados por las limitaciones encontradas a la hora de alcanzar intensidades elevadas en jugadores con elevada capacidad aeróbica y nivel técnico (Buchheit et al., 2009). A pesar de la extensa investigación sobre las respuestas físicas y técnicas de las **SSG** y su uso en el fútbol (Little y Williams, 2007), nuestra comprensión para optimizar su función con el jugador de élite no es completa. Anteriores investigaciones han discutido las respuestas fisiológicas de las **SSG** de forma aislada, sin embargo, la implementación de estos juegos debe ser considerada cuidadosamente como parte de una estructura de planificación avanzada (Owen et al., 2012), que puede ser más representativa de las actividades diarias dentro de un club de fútbol profesional.

Tal y como ha mostrado la literatura, las carreras de alta intensidad y los esprints están más presentes en formatos amplios de juego o **LSG** (11vs11) (Hill-Haas et al., 2009). Esto puede ser resultado de jugar en campos de mayor tamaño y de la menor participación sobre el balón de los jugadores en estos formatos (Owen et al., 2011). Además del tamaño y de la menor participación, los **LSG** generalmente dan como resultado una mayor cantidad de carreras de alta intensidad y a máxima velocidad cuando el balón no se posee o el jugador se desplaza sin él, con el objetivo de superar oponentes y crear oportunidades de gol.

Las limitaciones de las **SSG** han sido puestas de manifiesto en un estudio reciente (Owen et al., 2013). En este estudio, los autores compararon la respuesta técnica y física de futbolistas profesionales al emplear varios juegos reducidos. Además, examinaron la fiabilidad test-retest de varios formatos jugados en espacios pequeños, medianos y grandes. Se demostró que las **SSG** tienen una velocidad de juego significativamente más rápida (metros por minuto) en comparación con **MSG** y **LSG**, pero significativamente menos esprints, esfuerzos y carreras de alta intensidad que las **LSG**. Estos valores reducidos de alta velocidad y distancias a esprint dentro de las **SSG**, estarían propiciados por los menores tamaños de juego y el mayor nivel de complejidad técnica necesaria. Los resultados también revelaron diferencias significativas entre **SSG**, **MSG** y **LSG** en cuanto a las respuestas técnicas (pases, regates, disparos y cabezazos). Dellal et al. (2012), también describieron varias limitaciones que deben ser tomadas en consideración, con respecto al uso de **SSG** en entrenamientos. Los partidos pequeños conducen a pases de corta y media distancia y pueden afectar potencialmente el rendimiento del equipo, si basa su juego en un estilo más directo con mayor presencia de pases largos.

Además, se ha encontrado otra limitación al afirmar que las **SSG** muestran un mayor coeficiente de variación individual en la respuesta de la **FC** (Dellal et al., 2008). Este estudio mostró que la **FC** de los jugadores de fútbol fue más variable en comparación con la carrera intermitente. La razón de estas variaciones se debe a la naturaleza totalmente incontrolada de los juegos, ya que los movimientos específicos realizados por los jugadores dentro de las **SSG** difieren en función de la experiencia de los jugadores, los roles posicionales empleados, la oposición existente o la motivación (Spalding et al., 2004; Stolen, 2005).

SITUACIONES DE JUEGO REDUCIDO

El análisis del riesgo de lesiones dentro de las **SSG** es muy limitado en términos de literatura científica. En este contexto, se desconoce si están asociados con un mayor o menor riesgo de lesión en comparación con otros tipos de entrenamiento de fútbol específicos. Basado en la presencia de más contactos entre jugadores en este tipo de entrenamiento, cabría esperar una mayor incidencia lesiva por contacto en comparación con la clásica carrera interválica. Como hasta la fecha no existe literatura científica que apoye esta posibilidad, el autor recomienda encarecidamente que las **SSG** se realicen dentro de los tamaños de juego apropiados y con las reglas idóneas para limitar el riesgo de lesiones.

Figurea 32. Continuum Físico vs Situación de Juego Reducido.

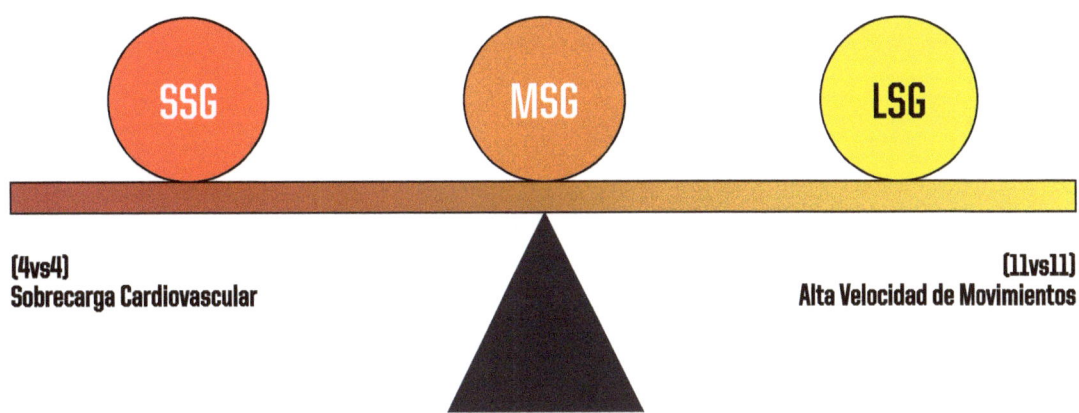

SSG = Situaciones de Juego Reducido en espacios pequeños (*Small Sided Games*, 4vs4)

MSG = Situaciones de Juego Reducido en espacios medianos (*Medium Sided Games*, 5vs5 hasta 8vs8)

LSG = Situaciones de Juego Reducido en espacios grandes (*Large Sided Games*, 9vs9 hasta 11vs11)

RESUMEN DEL CAPÍTULO

SITUACIONES DE JUEGO REDUCIDO

RESUMEN DEL CAPÍTULO

DEMANDAS FÍSICAS Y FISIOLÓGICAS DE LAS SSG

- Las **SSG** son vistas como una estrategia de entrenamiento multifuncional y eficiente en el tiempo, que permite simultáneamente y no de forma aislada el desarrollo de muchos aspectos clave del fútbol (p. ej. técnico, táctico y físico).

- Generalmente e independientemente del rol posicional, se juega a una velocidad media de 111-133 m/min. Por tanto, cuando el objetivo sea entrenar a la "velocidad o ritmo de partido" se debe emplear un formato que posibilite una velocidad igual o superior a 111 m/min.

- En las **SSG** existe una respuesta de **FC** significativamente mayor en comparación con la **FC** de partido en todas las posiciones.

- En general, los estudios recientes que emplean el uso de **SSG** como una forma de influir positivamente en la capacidad de rendimiento del futbolista, demuestran que su implementación periódica no sólo crea los mismos beneficios físicos propios de las sesiones genéricas no específicas de entrenamiento, sino que tiene el potencial de mejorar significativamente el rendimiento técnico del futbolista de élite.

- Ser capaz de desarrollar características físicas en conjunción con los elementos técnicos y tácticos del juego hace que las **SSG** sean una metodología de entrenamiento atractiva para preparadores físicos, jugadores y entrenadores por igual.

- El entrenamiento con **SSG** puede estresar el organismo para mejorar la habilidad del jugador para recuperarse de esfuerzos máximos durante el transcurso del juego, por medio de la mejora en el **RSA**.

- Las **SSG** tienen una velocidad de juego significativamente mayor en comparación con las **MSG** y **LSG**, pero se efectúan significativamente menos esfuerzos de alta intensidad, carreras a alta velocidad y en esprint en comparación con las **LSG**.

- Se ha encontrado que las **SSG** con similar respuesta de **FC**, aumentan la motivación de los jugadores frente al entrenamiento interválico genérico.

VARIABLES QUE AFECTAN A LA INTENSIDAD DE LAS SSG

- La manipulación de variables clave en las **SSG** (número de jugadores, dimensiones del campo, reglas de juego, duración de las series y estímulo del entrenador), tiene una consecuencia directa en la respuesta fisiológica, técnica y táctica.

- Las dimensiones del terreno de juego desempeñan un papel fundamental en la respuesta física y técnica del jugador (cuanto mayor sea el tamaño del terreno de juego por número de jugadores, mayor será la demanda física).

- El diseño de la tarea debe garantizar el tamaño de campo adecuado para lograr el objetivo del entrenamiento.

- En áreas de juego más grandes la actividad física y sus requerimientos asociados aumentan, pero la dificultad técnica disminuye.

- Las **SSG** jugadas con una limitación de 1-2 toques aumentan la intensidad de carrera y la dificultad para realizar acciones técnicas.

SITUACIONES DE JUEGO REDUCIDO

- Los entrenadores necesitan entender las diferentes demandas fisiológicas que se imponen a los jugadores dentro de las **SSG**, especialmente si incluyen cambios en las reglas en relación a la posesión. Además, los entrenadores también deben conocer según el rol posicional las diferencias físicas, fisiológicas y técnicas.

- Si el objetivo principal de la sesión es desarrollar componentes físicos y técnicos de forma aislada o conjunta, se deben utilizar los tamaños de campo correctos.

- Los formatos con un número reducido de jugadores pueden proporcionar un estímulo de entrenamiento técnico más eficaz, debido a que las acciones técnicas aumentan con la reducción del número de jugadores.

- Las **SSG** pueden ser más adecuadas para las exigencias técnicas de los jugadores de mediocampo o delanteros, ya que posibilitan más regates, tiros a puerta, toques y participación con balón.

- Puede ser más apropiado que los defensores entrenen técnica y tácticamente con **LSG**, basándose en la investigación que sugiere que estos formatos dan a los jugadores más oportunidades de cargar, interceptar y realizar duelos aéreos.

- La intensidad en una **SSG** puede aumentarse significativamente con el empleo de marcajes al hombre.

PERIODIZACIÓN DE LAS SITUACIONES DE JUEGO REDUCIDO

- La capacidad para planificar y diseñar un programa con la carga de entrenamiento adecuada (intensidad, volumen y frecuencia), es un factor clave a la hora de evitar lesiones y mejorar el rendimiento físico y técnico.

- La coordinación entre el personal técnico y médico es vital para una gestión correcta del volumen e intensidad de entrenamiento, garantizando las máximas prestaciones del futbolista en partido.

- Cabe destacar que el hecho de poder desarrollar características físicas junto con los elementos técnicos y tácticos del juego, en un periodo de tiempo relativamente corto, convierte a las **SSG** en una propuesta atractiva tanto para jugadores como para entrenadores en su objetivo de mejorar el rendimiento.

CARGA DE TRABAJO

- Realizar el tipo correcto de ejercicio en el momento específico de la semana de entrenamiento puede permitir preparar al máximo a los jugadores física, técnica y tácticamente, aumentando la eficacia de las sesiones de entrenamiento.

- El desarrollo continuo de los sistemas de monitorización **GPS** y **FC** ha permitido a los entrenadores evaluar "en directo" o "en tiempo real" durante las sesiones de entrenamiento. Los datos obtenidos en directo dentro de las **SSG** (distancia total recorrida, distancia recorrida a alta intensidad o en esprint), pueden ayudar a gestionar la intensidad correcta y los valores de carga impuestos a los jugadores para limitar el riesgo de lesión a través de niveles excesivos de fatiga. Esto también permite añadir cambios específicos durante la sesión con el objetivo de obtener la intensidad requerida.

CAPÍTULO 3

SITUACIONES DE JUEGO REDUCIDO: EJERCICIOS DE ENTRENAMIENTO

EJERCICIOS DE ENTRENAMIENTO

FORMATO EMPLEADO

Cada práctica incluye diagramas claros con las siguientes notas:

- Nombre del Ejercicio
- Objetivo del Ejercicio
- Descripción del Ejercicio
- Variación o Progresión (si es posible)
- Puntos a Destacar por el Entrenador

LEYENDA

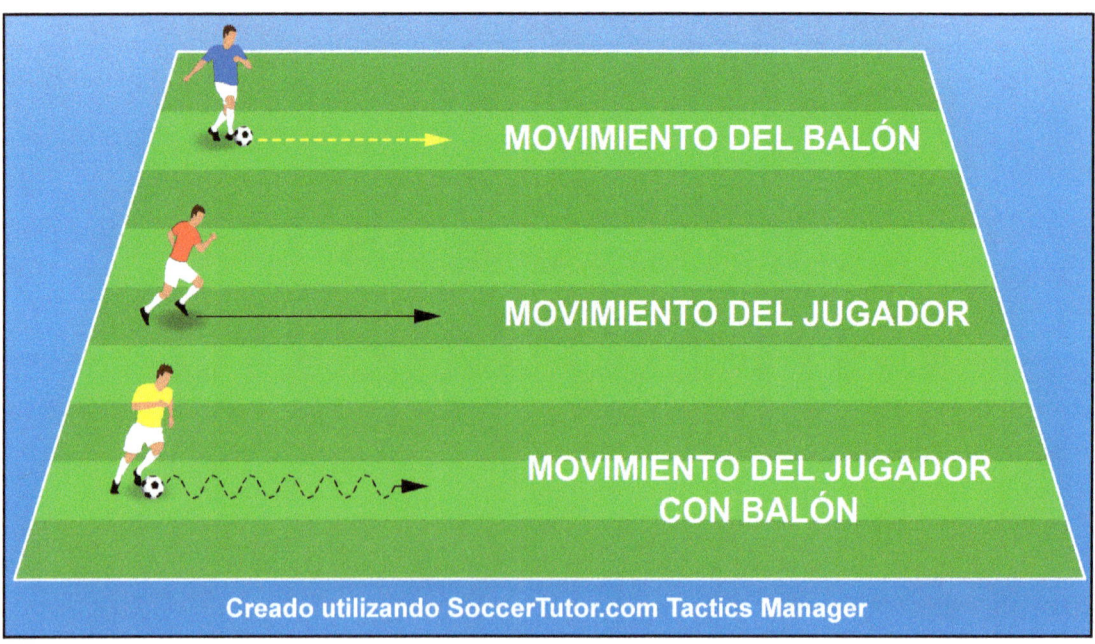

EJERCICIOS DE ENTRENAMIENTO

Ejercicio de Posesión con Porteros para Atravesar Líneas

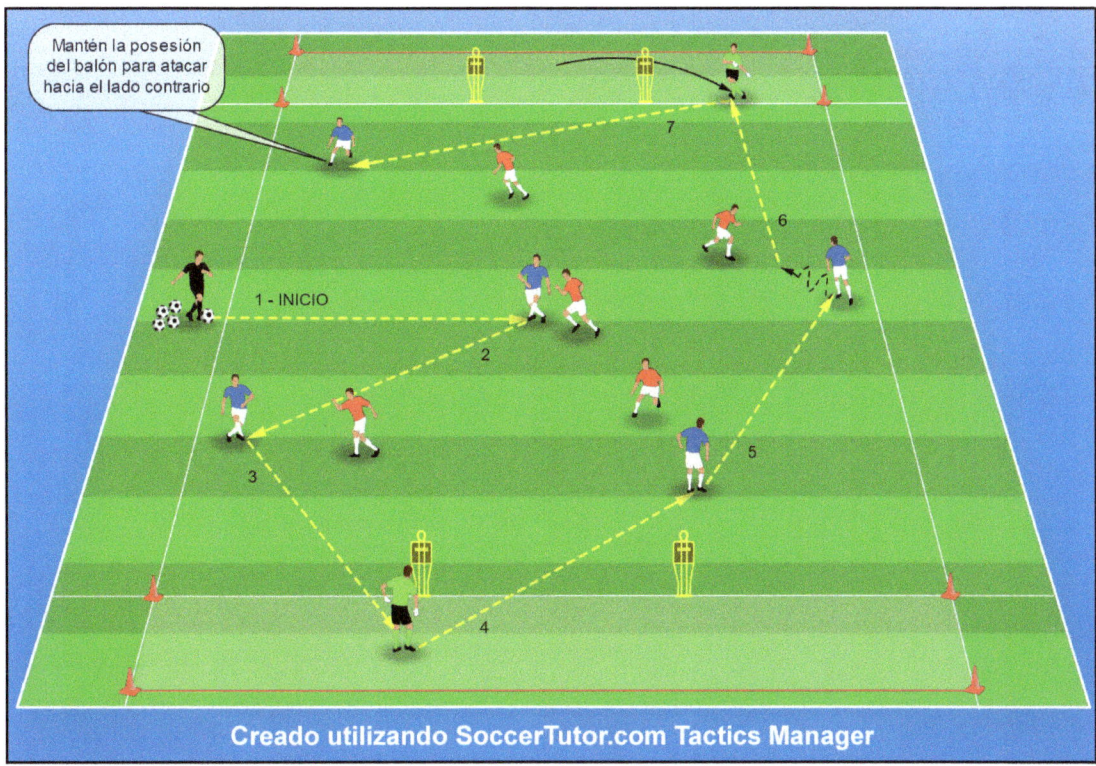

Descripción

En este ejercicio jugamos 5vs5 en un área de (28 x 32m) con dos zonas de 2 x 7m y porteros neutrales, situados detrás de dos muñecos como muestra la imagen. El objetivo para ambos equipos es mantener la posesión y jugar continuamente de un extremo a otro. Cada vez que juegan con ambos porteros sin que el contrario intercepte el balón anotan un punto. Juegan en periodos de 3 minutos.

Variaciones

1. Reta a los jugadores a tener que realizar un número de pases antes de jugar con los porteros.
2. Puedes cambiar el número de jugadores, pero la clave aquí está en las implicaciones tácticas.

Progresión: Los jugadores no pueden presionar al portero con balón – hay que progresar para presionar.

Puntos a Destacar por el Entrenador

1. Los jugadores necesitan desmarcarse correctamente para recibir el balón del portero.
2. Hay que asegurar una alta intensidad de juego por medio de la presión.
3. Los jugadores deben cambiar la orientación del juego y jugar por todo el espacio.
4. Asegúrate de que los jugadores no se quedan junto al portero para evitar el pase.

EJERCICIOS DE ENTRENAMIENTO

Juego de Posesión Direccional con 3 Equipos 4vs4 (+4)

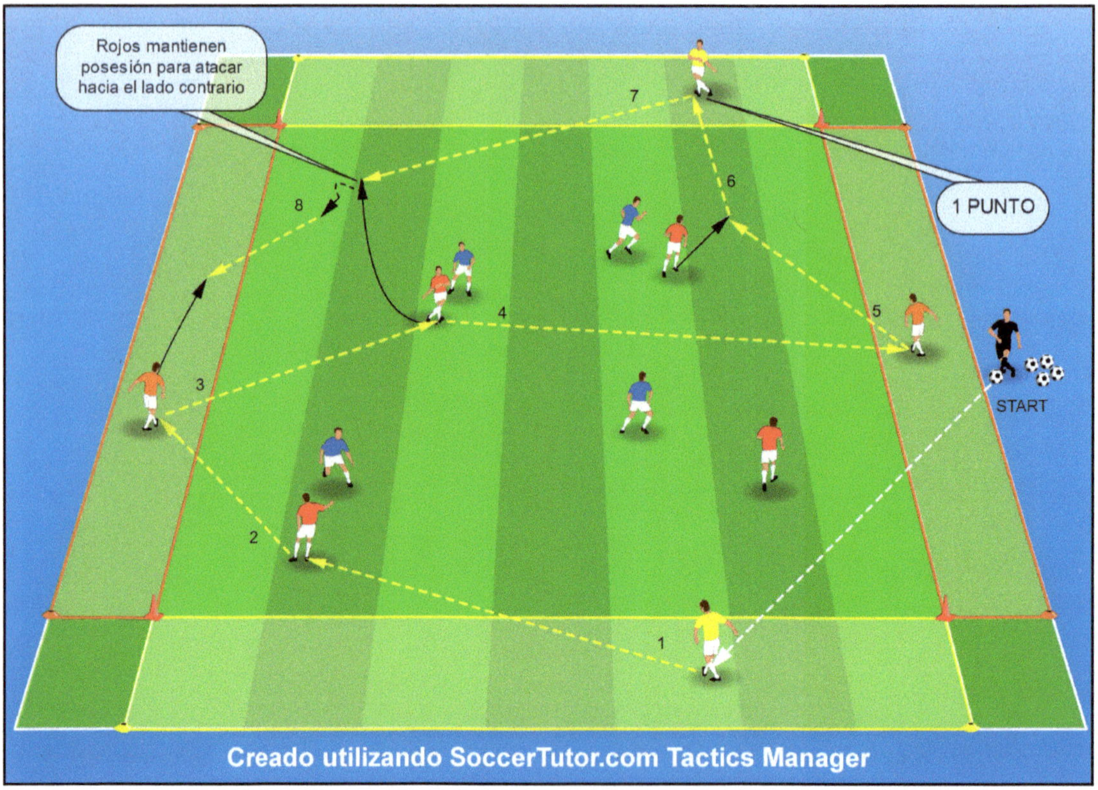

Objetivo

Trabajamos con una posesión direccional con el objetivo de incrementar el trabajo condicional.

Descripción

Los jugadores se organizan en 3 equipos de 4 jugadores con un 4vs4 en un espacio de 30 x 30m y 4 jugadores por fuera. Los jugadores de dentro juegan a 3 toques y los de fuera a 1. Se juega en series de 3 minutos.

Los jugadores buscan mantener la posesión y se anota un punto cuando el balón se juega de un extremo al otro y ambos jugadores externos centrales (amarillos) han tocado el balón. Mantener la posesión, pero dirigiendo el juego hacia un jugador final, posibilita un juego direccional de alta intensidad.

Puntos a Destacar por el Entrenador

1. Los jugadores necesitan estar en constante movimiento para poder recibir libres de marca, con una correcta orientación corporal para permitir el control y el pase de forma rápida, teniendo la opción de combinar con los jugadores externos (amarillos y naranjas).

2. Hay que fomentar el uso de paredes con los jugadores externos para incrementar el ritmo de juego.

EJERCICIOS DE ENTRENAMIENTO

Juego con el Centrocampista en un Ejercicio de Posesión Direccional 5vs5 (3vs3)

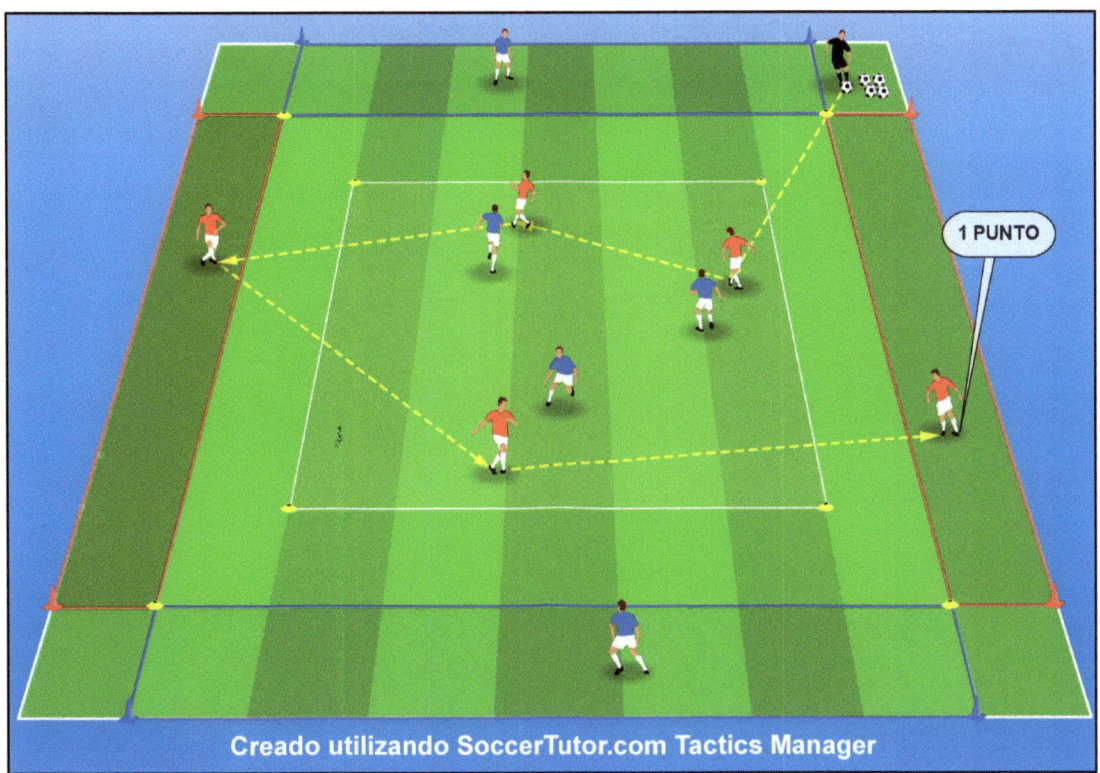

Creado utilizando SoccerTutor.com Tactics Manager

Objetivo
Este es un ejercicio de posesión direccional centrado en la rotación de los centrocampistas. El objetivo es maximizar el esfuerzo de los futbolistas (objetivo condicional).

Descripción
En un área total de 30 x 30 m marcamos un cuadrado de 22 x 22 m en su interior. Se juega un 5vs5; 3vs3 (3 centrocampistas por equipo) dentro del cuadrado pequeño más 2 jugadores por fuera (1 en cada lado, opuestos, que juegan a 2 toques). Juega 5 periodos de 3 minutos.

Se juega a mantener la posesión, marcando un punto al pasar por los dos jugadores de fuera.

Puntos a Destacar por el Entrenador
1. Mantener la posesión y cambiar la orientación del juego con los centrocampistas es clave, al igual que los movimientos de rotación para generar espacios, recibir y jugar con los apoyos externos.
2. Es importante una buena orientación corporal para jugar el balón en óptimas condiciones.
3. Se puede limitar a 1 toque la participación de los apoyos externos para incrementar la velocidad de juego y la dificultad técnica.
4. Este ejercicio puede realizarse con más o menos jugadores en función del objetivo que se persiga.

EJERCICIOS DE ENTRENAMIENTO

Juego de Posesión con Tercer Hombre en un 7vs7 con Zonas de Finalización

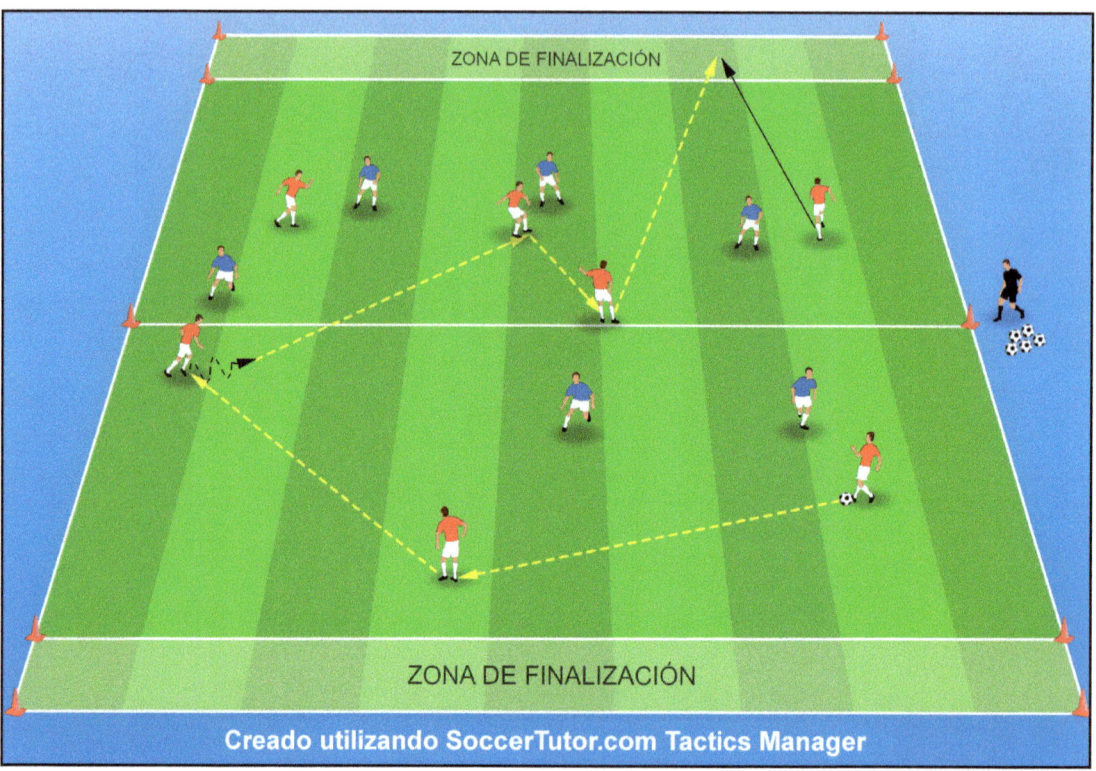

Descripción

En un espacio de 45 x 55 m, se juega un 7vs7 con dos zonas de finalización de 7 m de profundidad. El objetivo para ambos equipos es mantener la posesión, buscando marcar por medio de la recepción de un pase en la zona de finalización, donde no puede entrar ningún defensor.

El equipo en posesión de balón debe generar espacio para poder ser aprovechado por un tercer hombre.

Progresión

1. Solo se permite el gol si todo el equipo que ataca está en campo contrario.
2. Obliga a realizar al equipo en posesión un número de pases mínimo para marcar, atrayendo a los jugadores contrarios para crear espacio en su campo.

Puntos a Destacar por el Entrenador

1. Es necesario manejar con paciencia la posesión para atraer a los jugadores y poder saltar líneas con el pase.
2. Dependiendo del objetivo, este ejercicio puede efectuarse con más o menos jugadores.
3. Se puede modificar el tiempo y espacio de juego, consiguiendo una respuesta física diferente.
4. El equipo con balón debe atacar la zona de finalización mediante carreras a alta intensidad.

EJERCICIOS DE ENTRENAMIENTO

Juego Dinámico de Posesión con Porteros

Objetivo

Trabajamos una posesión direccional con porteros con el objetivo de maximizar la carga de trabajo condicional de los jugadores.

Descripción

En un área de 55 x 55 m, marcamos 6 zonas (7 x 7 m) como muestra la imagen. Se juega en periodos de 5 minutos un 9vs9 con dos porteros como comodines o jugadores neutrales, quienes son libres de moverse hacia cualquiera de las 3 zonas de finalización de su campo (amarilla y blancas).

El primer objetivo es mantener la posesión utilizando como máximo 3 toques. Si el balón se pasa a la zona amarilla el portero la jugará con el pie, pero si se juega con el portero en área blanca la jugará con la mano. Esto posibilita un incremento en la dificultad de la toma de decisión de los jugadores.

Se consigue gol cuando tras haber jugado con un portero se consigue jugar con el del lado contrario sin recuperación de balón por parte del contrario.

Progresión

1. El gol solo es válido si todos los jugadores del equipo que marca están en campo contrario.
2. Obliga a efectuar un número mínimo de pases antes de marcar.

EJERCICIOS DE ENTRENAMIENTO

Puntos a Destacar por el Entrenador

1. Asegura una alta velocidad de circulación de balón, movimientos que aseguren la posesión de balón y el correcto *timing* en la realización de los pases a los jugadores en movimiento.
2. Busca velocidad en el juego, intentando jugar a 1-2 toques.
3. Fomenta la toma de decisión correcta para asegurar el pase adecuado.
4. Los porteros deben estar activos y moverse por las diferentes zonas asegurando siempre una opción de pase.
5. Este ejercicio puede variar el número de jugadores dependiendo del objetivo perseguido.
6. Se puede modificar el tiempo y espacio de juego, consiguiendo una respuesta física diferente.

EJERCICIOS DE ENTRENAMIENTO

Duelos Continuos a Alta Intensidad 3vs3

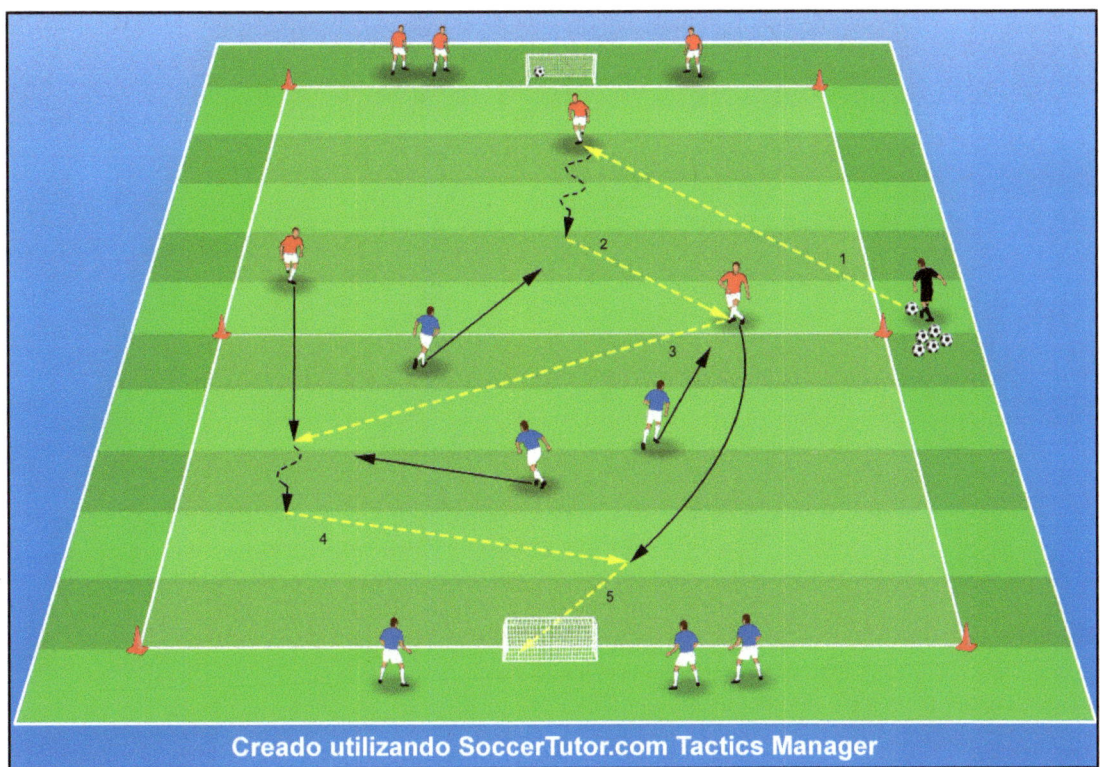

Descripción

Los jugadores se organizan en 4 equipos de 3 jugadores (2 equipos de rojo, otros dos de azul). Dos equipos (3vs3) compiten dentro del área de juego con el objetivo de mantener la posesión y marcar en una mini portería. Los otros equipos esperan tras las porterías (tiempo de recuperación).

Los primeros dos equipos juegan 1 minuto. Tras este tiempo los otros dos equipos entran y se enfrentan y los que estaban jugando ocupan el espacio tras las porterías, para recuperar del esfuerzo durante el siguiente minuto.

Progresión

1. Solo se permite el gol si todos los jugadores del equipo que lo consigue están en campo contrario.
2. Obliga a efectuar un número mínimo de pases antes de marcar, posibilitando la presión del equipo contrario y que deje espacios entre líneas.

Puntos a Destacar por el Entrenador

1. Asegura una alta velocidad de circulación de balón y una constante presión durante el tiempo de juego.
2. Los jugadores deben ejecutar muy rápido, teniendo una visión clara y rápida de sus opciones para emplear los espacios, driblar y finalizar.

EJERCICIOS DE ENTRENAMIENTO

Presión a Alta Intensidad con Finalizaciones Rápidas en un 4vs4 de Ataque vs Defensa

Objetivo
Jugamos un 4vs4 en espacio reducido con presión continua para incrementar la **FC** y el esfuerzo físico. Los jugadores deben presionar a alta intensidad.

Descripción
Organizamos 3 equipos de 4 jugadores (rojos, azules y amarillos) con un portero defendiendo una portería. Los equipos se dividen en 3 roles – atacantes (rojos), defensores (azules) y pasadores (amarillos) fuera del área.

Cada jugador amarillo tiene 5 balones en las posiciones que se muestran en la imagen y se les da un número (1-4). El entrenador indica uno de esos números y el jugador amarillo que posea ese número pasa el balón a un atacante que intentará finalizar rápidamente. El equipo atacante continúa hasta que todos los balones que tienen los jugadores amarillos sean jugados (máximo 7 minutos). Al finalizar, los atacantes pasan a ser pasadores, los pasadores pasan a defender y los defensores pasan a atacar.

Variaciones
1. Introduce un tiempo límite para finalizar todas las acciones e incrementar la intensidad y limita el número de toques.
2. Crea una situación 8vs4 con los jugadores exteriores como apoyos de los atacantes.

Puntos a Destacar por el Entrenador
1. Los atacantes deben generarse espacio para poder recibir y finalizar rápidamente.
2. Si un atacante es incapaz de finalizar, debe pasar rápidamente y buscar generar una situación de superioridad.

EJERCICIOS DE ENTRENAMIENTO

Rápida Circulación de Balón 7vs7 con Cuatro Porterías en Espacio Pequeño

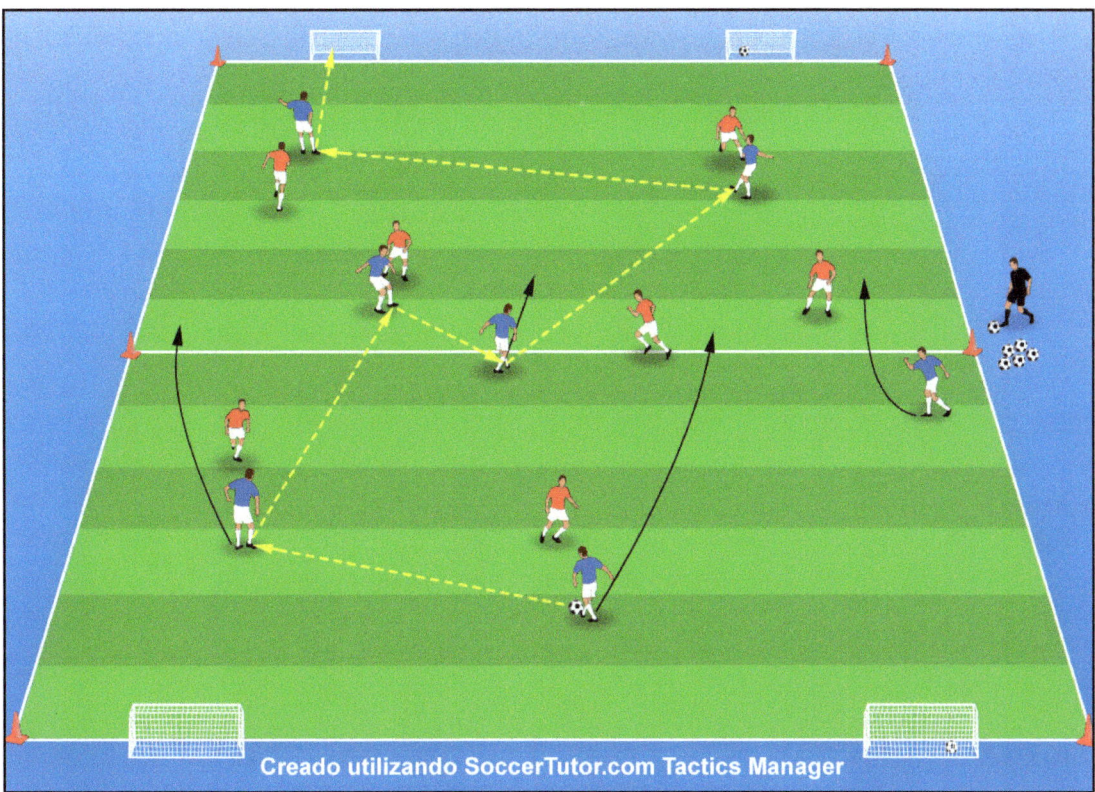

Objetivo
El énfasis en este ejercicio debe ponerse en la velocidad de juego con un 7vs7 para mejorar la capacidad aeróbica, la resistencia a la velocidad e incrementar la carga de trabajo.

Descripción
En un espacio de 45 x 55 m jugamos un juego reducido 7vs7 con 4 mini porterías (cada equipo atacará 2). Los dos equipos intentan mantener la posesión de balón y crear oportunidades de gol. Se juega en periodos de 6 minutos y los jugadores tienen 3 toques, pero solo 1 para hacer gol.

Progresión
1. Solo se permite el gol si todos los jugadores del equipo que lo consigue están en campo contrario.
2. Obliga a efectuar un número mínimo de pases antes de marcar, posibilitando la presión del equipo contrario y que deje espacios entre líneas.

EJERCICIOS DE ENTRENAMIENTO

Juego de Posesión con Presión y Rápida Circulación de Balón en un 8vs8 con Porteros

Descripción

En un espacio de 35 x 40 m jugamos durante 10 minutos 8vs8 con 2 zonas exteriores en las que se colocan los porteros. Los jugadores intentan mantener la posesión y crear oportunidades para jugar en su mitad de campo ofensiva. El gol se consigue cuando el portero recibe con las manos en su zona un pase del equipo atacante. El portero pasará al otro portero para que el equipo que ha marcado inicie otro ataque.

Progresión

1. Solo se permite el gol si todos los jugadores del equipo que lo consigue están en campo contrario.
2. Obliga a completar un número mínimo de pases (10) antes de marcar, posibilitando la presión del equipo contrario y generar espacio entre líneas y a su espalda.

Puntos a Destacar por el Entrenador

1. Asegura una alta velocidad de circulación de balón y una constante presión durante el tiempo de juego.
2. Los jugadores deben concentrarse en ejecutar rápido, teniendo una visión clara y rápida de sus opciones para pasar al portero.
3. Los defensores deben mantenerse organizados, presionar al poseedor de balón y evitar líneas de pase.

EJERCICIOS DE ENTRENAMIENTO

Juego de Posesión 6(+2)vs6(+2) con Cambios Rápidos de Posición

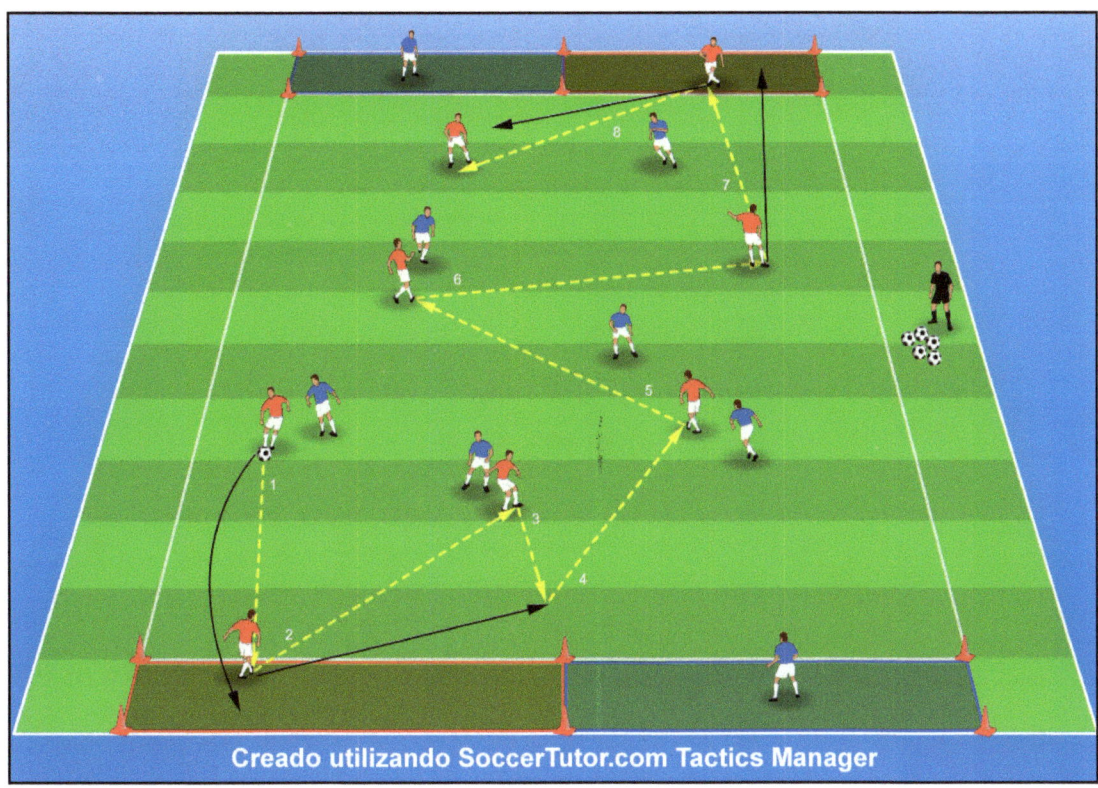

Objetivo
Trabajar la circulación rápida de balón y la presión intensa con un juego de posesión.

Descripción
En un área de 40 x 50 m jugamos 6vs6 con dos jugadores más de cada equipo por fuera como muestra la imagen. Los jugadores de dentro intentan mantener la posesión de balón y para conseguir gol deben jugar con ambos jugadores de fuera, sin que el balón sea interceptado por el equipo rival.

Cuando el jugador de fuera recibe el balón entra, saliéndose para jugar por fuera el jugador que le pasó. Los jugadores juegan a 3 toques en periodos de 3 minutos.

Progresión: Obliga a completar un número mínimo de pases (10) antes de permitir marcar.

Puntos a Destacar por el Entrenador
1. Los jugadores deben efectuar pases rápidos, ser verticales y buscar los espacios necesarios para recibir y jugar por fuera.
2. El equipo que no posee el balón debe presionar al contrario, evitar pases hacia el jugador de fuera y mantener una estructura posicional adecuada para que el ejercicio sea más real.

EJERCICIOS DE ENTRENAMIENTO

Juego Reducido 6vs7 con Mini Porterías y Puertas con Conos

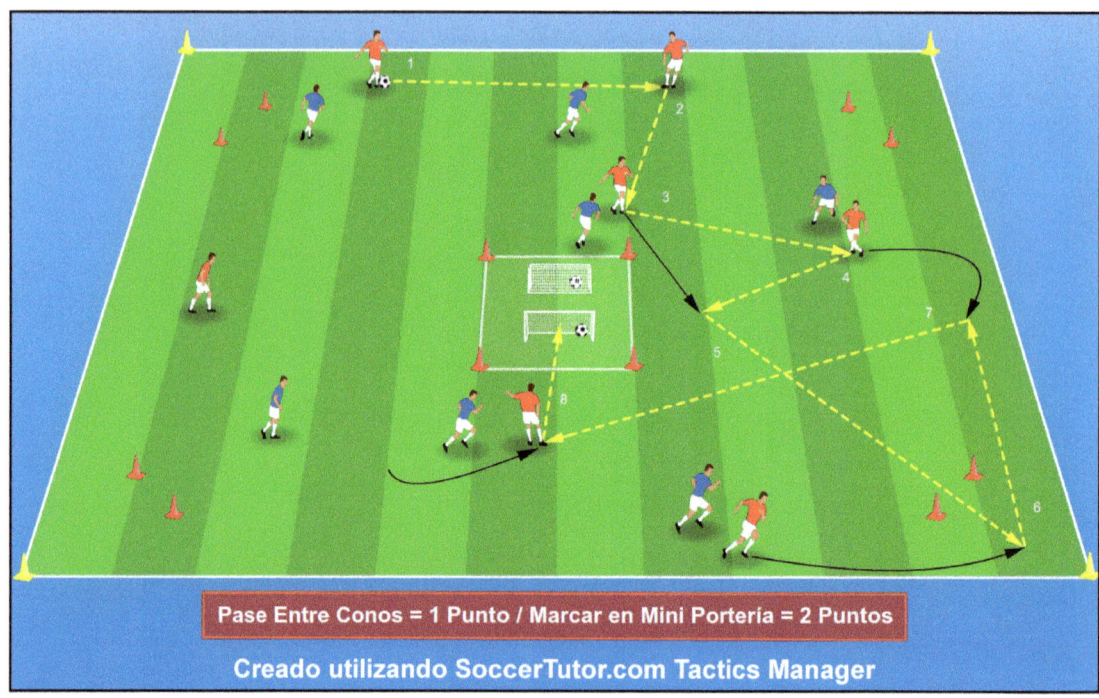

Objetivo
Posesión direccional con el objetivo de crear espacios, aprovecharlos e incrementar la carga física de trabajo.

Descripción
En un área de 35 x 55 m colocamos dos porterías en el centro y 4 porterías con conos en las esquinas. Jugamos un 7vs7 en el que los equipos intentan mantener la posesión de balón y marcar en las porterías del centro (1 punto) o en las porterías de las esquinas (2 puntos).

Progresión
Haz que un equipo realice una cantidad mínima de pases antes de marcar.

Puntos a Destacar por el Entrenador
1. Asegura una alta intensidad y elevada velocidad en la circulación de balón, desplazamientos inteligentes e intensa presión durante todo el ejercicio.
2. Fomenta la realización de cambios de orientación e incide en la realización de movimientos rápidos de apoyo al ejecutarlos.
3. El equipo defensor necesita presionar al oponente, evitar pases a los jugadores externos y mantener una disposición adecuada para que el ejercicio sea más real.
4. El equipo defensor debe defender las porterías centrales, al mismo tiempo que cubre las puertas de las esquinas.

CAPÍTULO 4

JUEGOS DE TRANSICIÓN

JUEGOS DE TRANSICIÓN

Juego de Transición con 3 Equipos

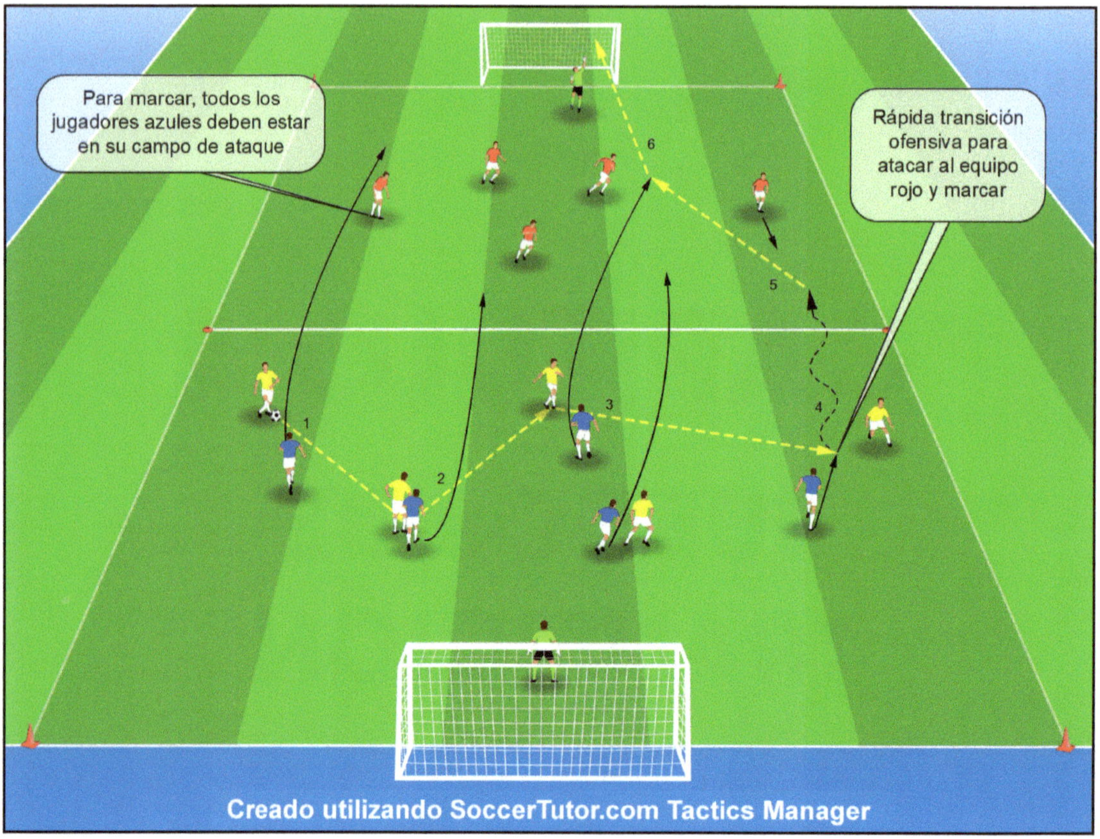

[Diagrama: Para marcar, todos los jugadores azules deben estar en su campo de ataque. Rápida transición ofensiva para atacar al equipo rojo y marcar.]

Objetivo
Mejorar la transición defensa ataque del jugador (resistencia a la velocidad /capacidad aeróbica).

Descripción
Empleamos 3 equipos de 5 jugadores (+ 2 porteros) en un espacio de 30 x 45 m. Iniciamos el ejercicio con un equipo (amarillo) atacando a otro (azul) en la mitad del espacio de juego. El equipo que ataca intenta marcar y si lo consigue recibe otro balón para volver a atacar en la otra portería (defendida por rojos). Sin embargo, si el equipo amarillo pierde la posesión en favor del equipo azul (como muestra la imagen), se quedan parados mientras que el equipo azul ataca en la otra dirección efectuando una rápida transición ofensiva.

Puntos a Destacar por el Entrenador
1. Fomenta el rápido cambio de función (defensiva-ofensiva) de los jugadores durante el ejercicio (demanda táctica).
2. Los ataques deben hacerse a máxima velocidad e incrementar la velocidad en la transición al recuperar la posesión de balón.

JUEGOS DE TRANSICIÓN

Posesión con Presión Intensa en un Juego de Transición (3vs7)

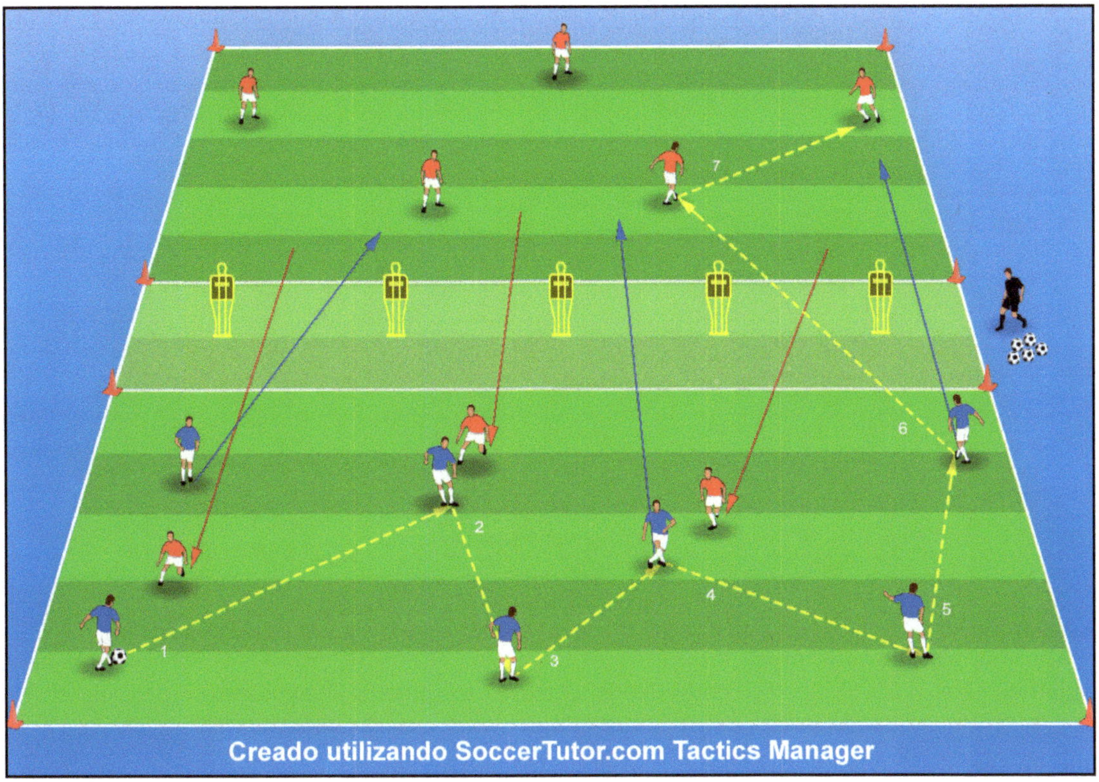

Descripción

En un rectángulo de 35 x 55 m colocamos dos zonas de finalización (35 x 23 m) y otra zona central (35 x 9) con 5 muñecos como muestra la imagen. Iniciamos con el equipo azul (los 7 jugadores) en una zona de finalización. Al silbato del entrenador 3 jugadores rojos entran en la zona a presionar a los azules creando una situación 3vs7. Los azules intentan mantener la posesión de balón durante un número determinado de pases antes de pasar el balón entre los muñecos hacia el lado contrario (1 punto). Los rojos inician entonces la posesión presionados por 3 jugadores azules que van a presionarlos a su espacio creando la misma situación 3vs7. Se juega en periodos de 5 minutos. Si los rojos ganan la posesión o el balón sale fuera, consiguen un punto, pero si ganan la posesión y consiguen pasar a sus compañeros que esperan al otro lado de los muñecos consiguen 2 puntos. Los jugadores rojos que estaban presionando pasan a la zona contraria con sus compañeros, para conseguir la superioridad numérica pretendida en el ejercicio. Gana el equipo que al final ha acumulado más puntos.

Variaciones: 1) La dificultad puede variar en función del número de jugadores implicados y el número de toques permitidos. 2) También puede cambiar el número de toques permitidos para aumentar la intensidad y la dificultad.

Puntos a Destacar por el Entrenador

1. Asegura la ejecución técnica correcta para mantener la posesión, la velocidad e intensidad en la presión y rápidas reacciones en las transiciones.

2. Asegura una velocidad de juego elevada y que los jugadores presionen en bloque.

JUEGOS DE TRANSICIÓN

Mantener Posesión en Espacio Grande / Presionar en Espacio Pequeño en un 8vs8

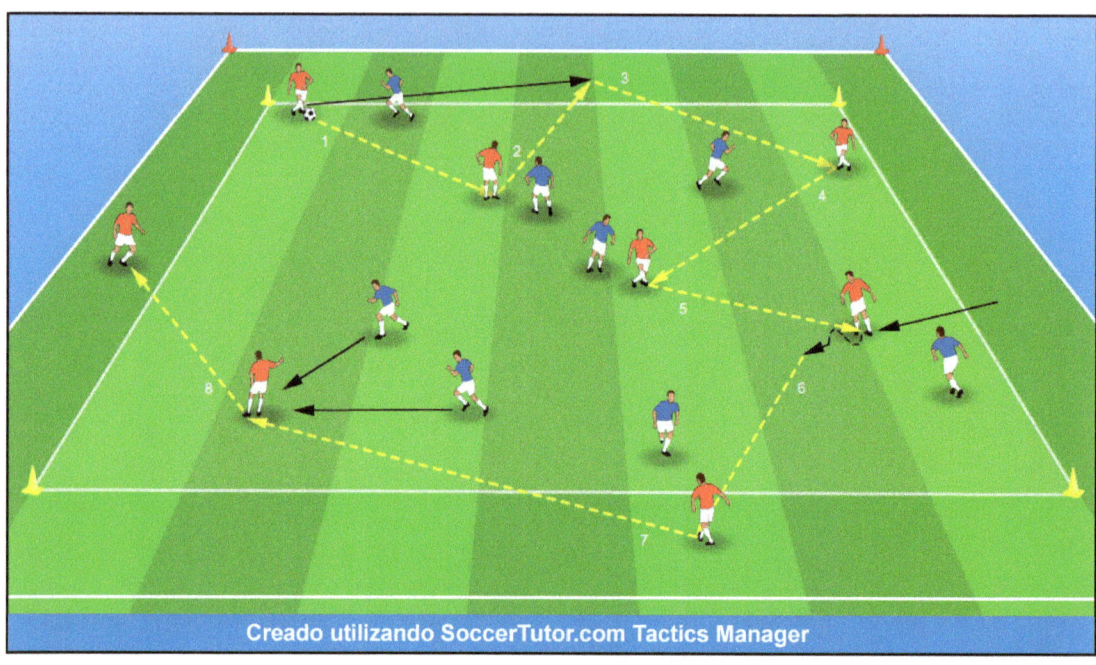

Objetivo: Jugamos una posesión con el objetivo de optimizar la transición de los futbolistas e incrementar el esfuerzo condicional.

Descripción

En un espacio de 55 x 55 m colocamos dentro un cuadrado de 50 x 50 m. Jugamos una posesión 8vs8 en la que el equipo que tiene el balón puede abrir el campo y emplear todo el espacio, mientras que el otro equipo solo puede efectuar la presión en el cuadrado pequeño. Al perder la posesión se intercambian los roles. Se juega en series de 4 minutos.

Todos los pases desde el cuadrado grande deben dirigirse al pequeño y los jugadores del equipo que no posee el balón no pueden salir a presionar al cuadrado grande, permaneciendo organizados y compactos y marcando a los posibles receptores, intentando interceptar y robar para efectuar una transición rápida.

Progresión: Limita el número de toques en el cuadrado grande o permite que en esa zona presione un defensor.

Puntos a Destacar por el Entrenador

1. Asegura una presión intensa dentro del cuadrado pequeño.
2. El equipo con balón debe hacer el campo lo más grande posible para aprovechar la ventaja ofrecida por el ejercicio.
3. El jugador debe cambiar rápido del rol atacante-defensor y viceversa.
4. El equipo debe permanecer compacto y rápidamente intentar robar el balón nada más perderlo.

JUEGOS DE TRANSICIÓN

Posesión Tricolor 8vs4

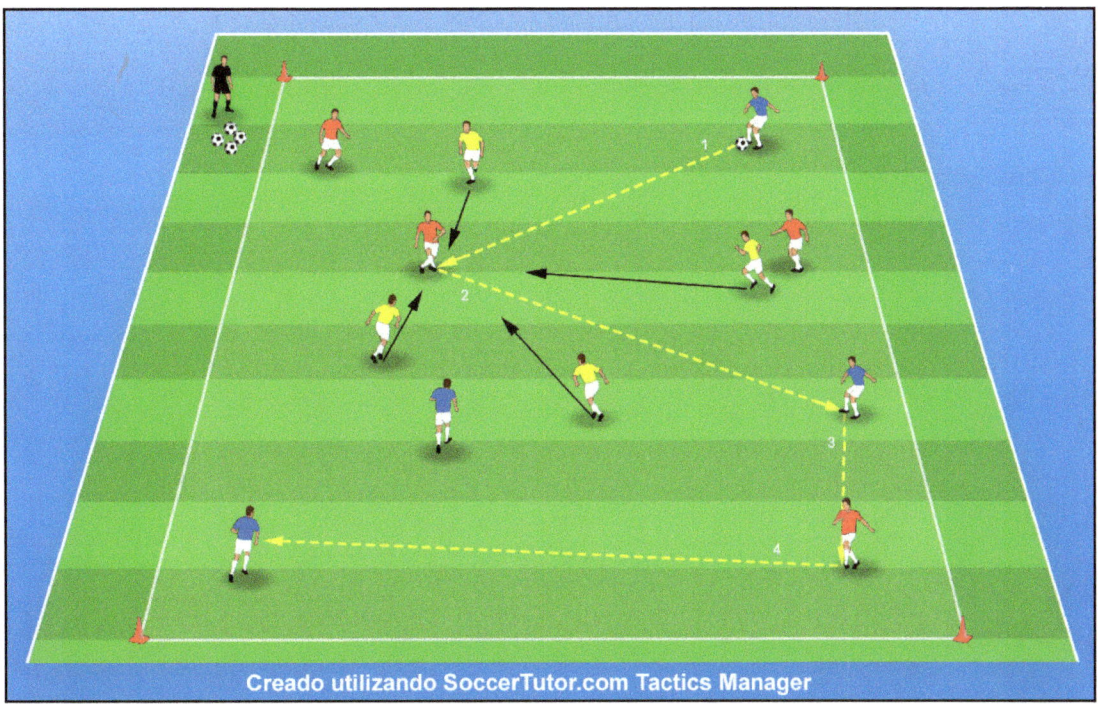

Objetivo: El objetivo de este ejercicio es reaccionar rápido ante la pérdida de balón para intentar recuperarlo. Esto debe hacerse a un ritmo alto para trabajar la resistencia a la velocidad y desarrollar la capacidad aeróbica.

Descripción

En un espacio de 30 x 30 m empleamos 3 equipos de 4 jugadores. 2 equipos trabajarán juntos para mantener la posesión (en la imagen rojos y azules) mientras que el otro equipo intentar recuperar el balón (amarillos) ante una situación 8vs4. El equipo que pierde el balón efectúa una rápida transición para presionar en bloque (ahora ellos son los 4 que roban a los otros 8) e intentar recuperar el balón lo más rápido posible. Se juega en periodos de 3 minutos.

El juego permite una transición continua de la posesión. Se puede iniciar manteniendo los roles fijos durante un tiempo determinado hasta que los jugadores entiendan la dinámica. Los jugadores están limitados a emplear 2 toques (reduce a 1 para incrementar la intensidad del ejercicio y la dificultad técnica).

Puntos a Destacar por el Entrenador

1. Promueve movimientos de calidad y exige una buena ejecución técnica para mantener la posesión, y una elevada velocidad e intensidad en el equipo que efectúa la presión.
2. Los 2 equipos que tienen el balón deben hacer el campo lo más grande posible.
3. Los jugadores deben cambiar de rol rápidamente y el equipo debe permanecer compacto para intentar robar el balón nada más perderlo.

JUEGOS DE TRANSICIÓN

Presionar en Inferioridad 6vs6(+6) para Ganar Rápidamente la Posesión Tras Pérdida

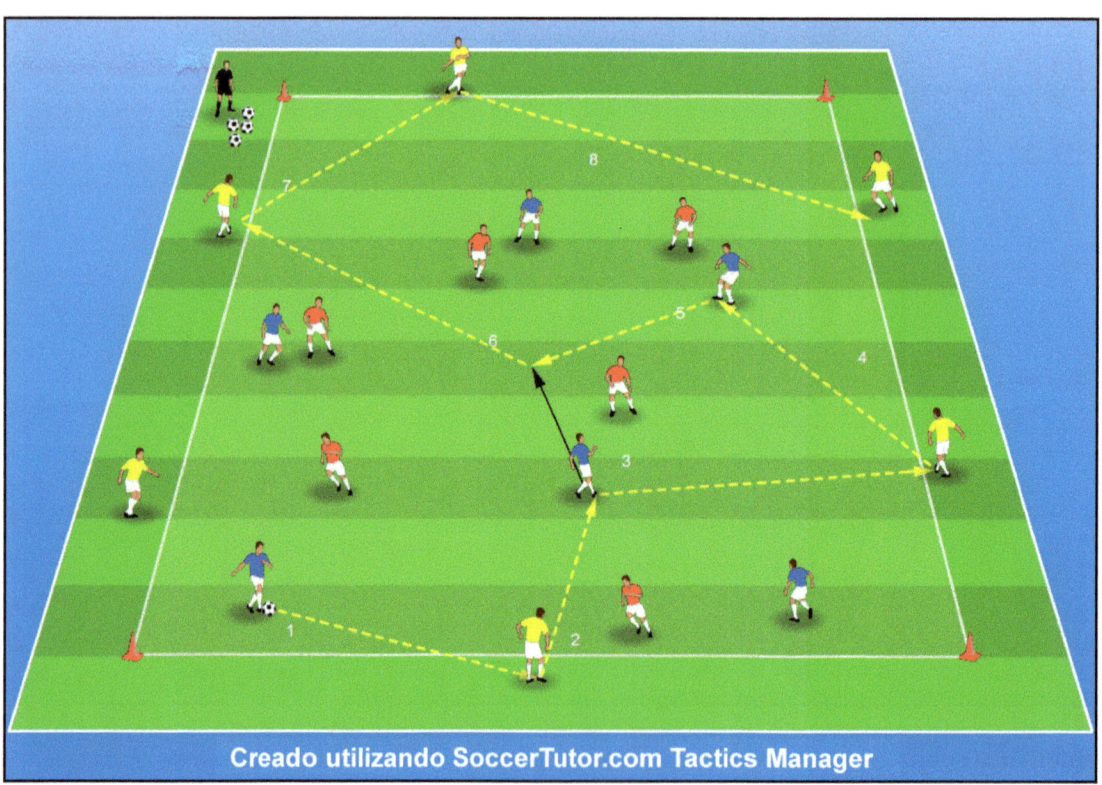

Objetivo: Juego de posesión con el objetivo de mejorar las transiciones y la capacidad aeróbica.

Descripción

En un espacio de 35 x 35 m empleamos 3 equipos de 6 jugadores. Un equipo (amarillo) se coloca fuera del espacio e intenta mantener la posesión de balón junto con uno de los equipos que se sitúa dentro (azul). El tercer equipo (rojo) intenta ganar el balón desde una situación de inferioridad 6vs12.

El equipo que pierde el balón comienza a defender para recuperarlo, existiendo una constante transición ataque-defensa y viceversa; abro el campo para mantener la posesión, me cierro y permanezco compacto para recuperarla.

Se puede comenzar manteniendo fijos los roles durante un tiempo determinado hasta que los jugadores conozcan bien la dinámica. Los jugadores de dentro del espacio juegan a 3 toques (reduce a 2 para incrementar la velocidad del juego) y los jugadores de fuera juegan a 1 solo toque.

Puntos a Destacar por el Entrenador

1. El equipo con balón hace el campo lo más amplio posible empleando los apoyos de fuera.
2. El equipo defensor permanece compacto y actúa en conjunto para intentar recuperar el balón.

JUEGOS DE TRANSICIÓN

Ejercicio de Presión Intensa (2vs4) en un Juego de Transición con 3 Equipos

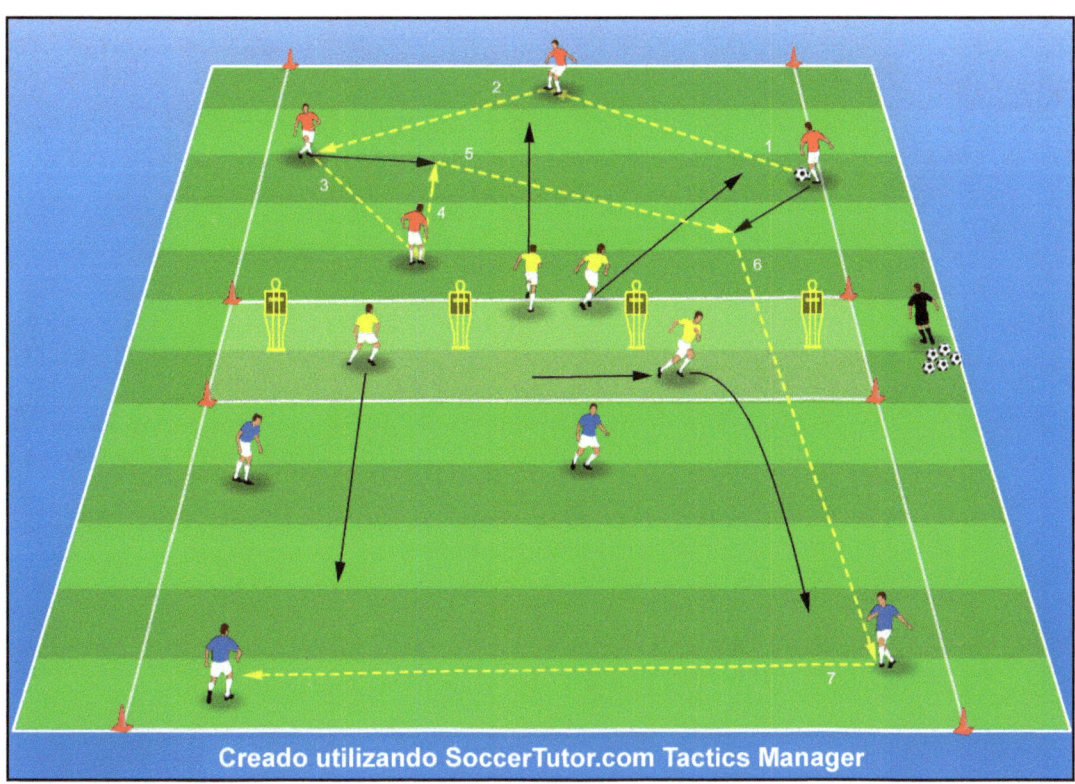

Descripción

En un espacio de 20 x 30 m colocamos dos zonas de posesión (20 x 12 m) y una zona central (20 x 6 m) con 4 muñecos en las posiciones que muestra la imagen. Cada uno de los 3 equipos de 4 jugadores que tenemos empieza en una de las zonas.

El ejercicio comienza con un equipo que posee el balón en una zona de posesión (rojos en la imagen) y 2 jugadores defensores (amarillos) se mueven desde la zona media para presionar y tratar de ganar el balón o sacarlo fuera de la zona (1 punto). Si los 2 jugadores amarillos tienen éxito, sus respectivos jugadores intercambian los roles.

Si los rojos consiguen completar un número determinado de pases, deben intentar jugar al otro lado, evitando a los muñecos y a los 2 jugadores de la zona media amarilla (que pueden intentar detener el balón) o hacer un pase por encima de ellos. Si pasan con éxito al equipo del otro lado (azules) anotan 1 punto y los 2 jugadores amarillos de la zona media se mueven para presionar y tratar de ganar la pelota (los otros 2 jugadores amarillos recuperan del esfuerzo en la zona media y se preparan para interceptar el pase).

Puntos a Destacar por el Entrenador

1. Debe haber un cambio constante de zona y los jugadores defensores deben ir a máxima intensidad a la presión.
2. Si el mismo equipo está mucho tiempo defendiendo, cambia el rol para permitir que recupere.

JUEGOS DE TRANSICIÓN

Posesión con Cambio de Espacio en un Juego de Transición con 2 Zonas

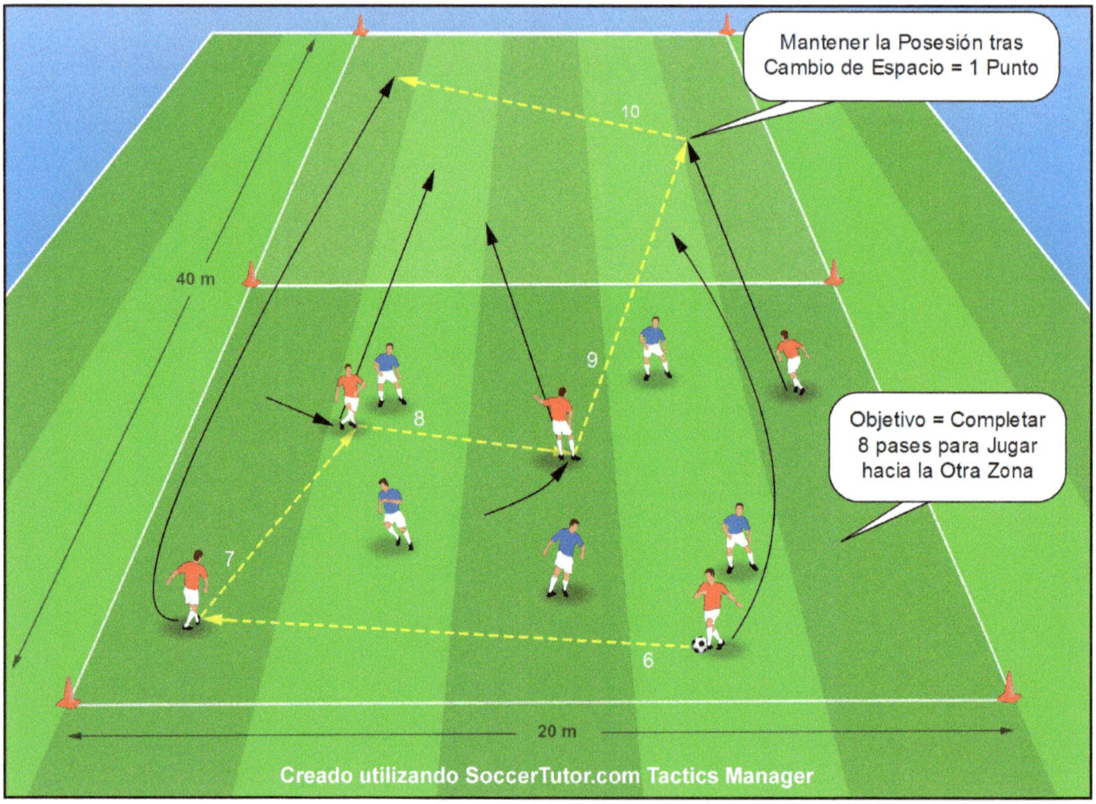

Descripción
En un área de 20 x 40 m marcamos dos zonas iguales y jugamos 5vs5. Ambos equipos empiezan en una zona y el equipo que tiene el balón intenta realizar 8 pases consecutivos mientras que el otro intenta recuperar el balón o enviarlo fuera de la zona. Si se realizan los 8 pases, un jugador (rojo en la imagen) debe efectuar un desmarque de ruptura a la otra zona para recibir el próximo pase. A partir de ese pase todos los jugadores rojos deben ir a esa zona y si consiguen mantener la posesión reciben 1 punto. Si el equipo defensor (azul) gana el balón o lo saca del campo comenzará una posesión nueva para intentar realizar los 8 pases. Juega en periodos de 2,5 minutos.

Variaciones
1. Limita los toques o incrementa la cantidad de pases a realizar para incrementar la intensidad del ejercicio.
2. Incrementa el número de jugadores para descender la intensidad y viceversa – dependiendo del objetivo físico requerido.

Puntos a Destacar por el Entrenador
1. Asegura la calidad del movimiento y la ejecución técnica para mantener la posesión, y la velocidad y la intensidad en la transición de la defensa al ataque (o del ataque a la defensa).
2. El equipo con posesión debe hacer el campo lo más grande posible, utilizando todo el espacio.
3. La velocidad en los movimientos de apoyo es clave para mantener la posesión.

JUEGOS DE TRANSICIÓN

Juego de Posesión con Transiciones Rápidas y Finalización 7vs7

Objetivo
Recuperar la posesión y jugar con el jugador avanzado para iniciar la transición ofensiva (resistencia a la velocidad / capacidad aeróbica).

Descripción
En un área de 55 x 40 m colocamos 5 muñecos en la línea media y jugamos un 6vs6 (+2 porteros neutrales). El ejercicio se inicia con un portero y un 5vs5 en la zona 1. Colocamos un delantero de cada equipo en la zona 2. El equipo con balón (rojo en la imagen) debe completar un número de pases en la zona 1 antes de jugar con su delantero de la otra zona – la intensidad del ejercicio dependerá de la cantidad de pases requeridos. Tras el pase todos los rojos se desplazan a la zona 2 para atacar la portería de esa zona. Los defensores azules persiguen a los atacantes para defender la acción. Si los azules ganan el balón en la zona 1 intentarán rápidamente jugar con su delantero y se desplazarán al campo contrario para finalizar la acción. Los jugadores del equipo rojo seguirán a los azules para intentar que no finalicen con éxito.

Puntos a Destacar por el Entrenador
1. Inicialmente crea espacio para mantener la posesión, para luego pasar al juego rápido y vertical.
2. Asegúrate de que el equipo defensor presiona al máximo para conseguir la intensidad adecuada.
3. Es necesario pasar hacia adelante y con velocidad en la transición.

JUEGOS DE TRANSICIÓN

Juego de Posesión 8(+4)vs8 con 4 Zonas

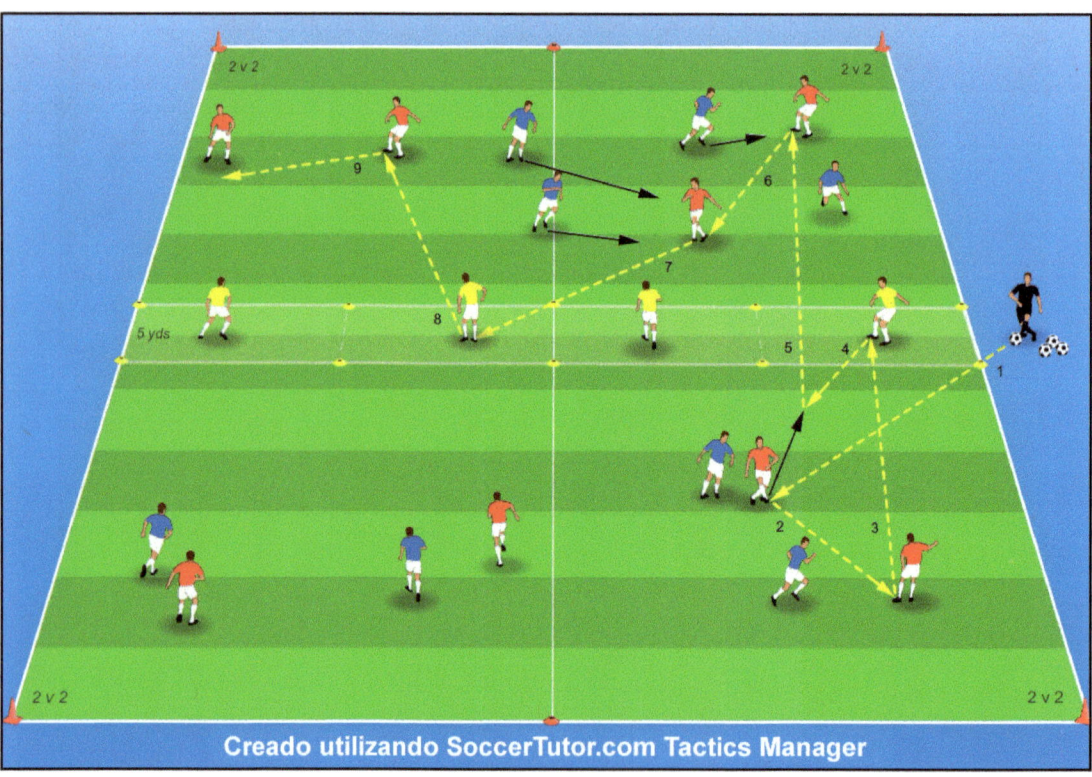

Objetivo: Ganar el balón y después asegurar la posesión en un ejercicio de transición (ejercicio para mejorar la capacidad aeróbica).

Descripción

En un espacio de 35 x 40 m dividimos el campo en 4 zonas iguales como muestra la imagen. Se juega una posesión 8vs8(+4), comenzando con 2 jugadores de cada equipo en cada cuarto de campo y 4 jugadores neutrales que permanecen en el área central (5 m), para mantener el formato posicional del juego. El equipo con balón debe tener 2 jugadores por zona en todo momento para poder abrir el campo. El equipo defensor debe presionar colectivamente y tratar de robar el balón. Este juego de transición requiere reacciones rápidas, ya que se cambia constantemente de presionar a abrir el campo para mantener la posesión del balón.

Puntos a Destacar por el Entrenador

1. Maximiza el trabajo físico por medio de la superioridad (12vs8).
2. Asegura una presión colectiva para recuperar el balón.
3. Es necesario jugar rápido al recuperar el balón para asegurar la posesión.
4. La primera reacción tras recuperar el balón debe ser distribuirse por las zonas para abrir el campo.

JUEGOS DE TRANSICIÓN

Finalización con Transiciones Rápidas en una Situación de Juego Reducido con 3 Equipos

Amarillos intentan ganar la posesión para marcar rápidamente en cualquier portería

Azules y Rojos intentan mantener la posesión (10vs5)

Objetivo: Trabajamos ataques rápidos tras ganar la posesión (maximizando la carga física e incrementando la capacidad aeróbica).

Descripción

En un área de 35 x 45 m empleamos 3 equipos de 5 jugadores + 2 porteros neutrales. 2 equipos combinan para mantener la posesión del balón mientras que el equipo defensor presiona para recuperar la posesión de balón. Si consigue recuperar el balón, intentará marcar tan rápido como pueda (en cualquier portería), teniendo los jugadores de los otros dos equipos que reaccionar rápidamente para defender y evitar que la acción ofensiva acabe con éxito. Los porteros solo actúan cuando el equipo defensor gana el balón. Tras finalizar el ataque el equipo que perdió la posesión pasa a ser equipo defensor.

Puntos a Destacar por el Entrenador

1. Son necesarias reacciones rápidas de los jugadores para pasar de ataque a defensa y viceversa.
2. Con posesión – dinamismo para mantenerla; sin posesión – presiona para recuperarla.
3. La toma de decisión rápida y adecuada, con y sin balón, es determinante en este ejercicio.

JUEGOS DE TRANSICIÓN

3vs3(+2) Juego de Posesión y Presión

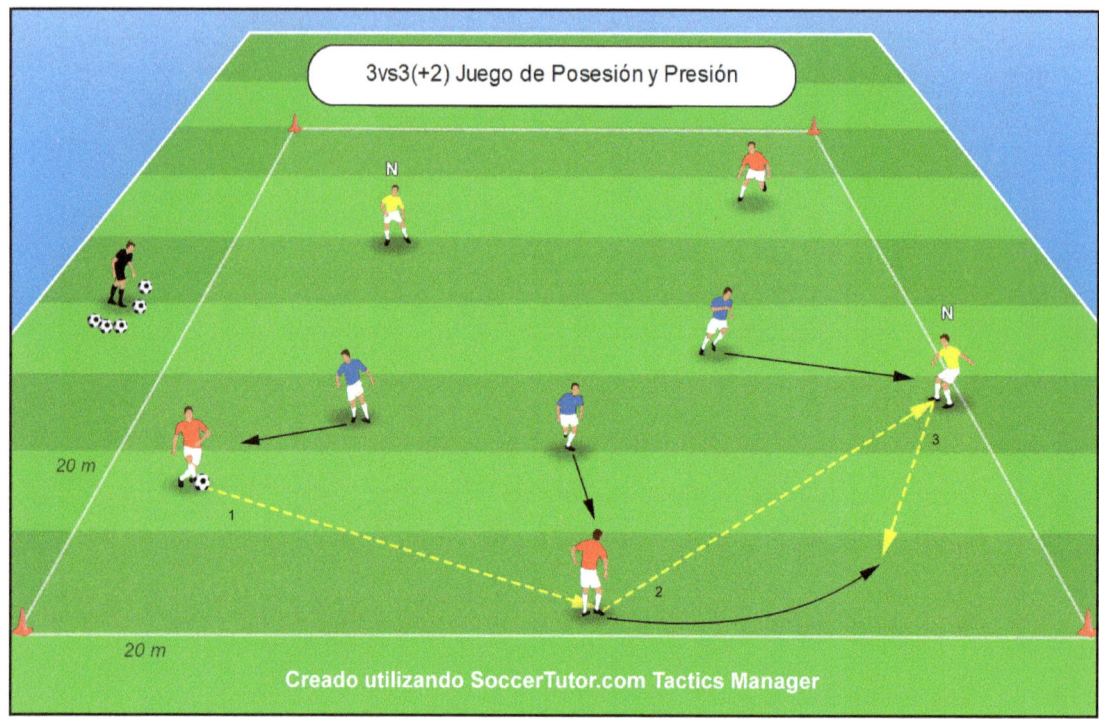

Objetivo
Trabajamos para recuperar la posesión en inferioridad numérica e incrementar la capacidad aeróbica del futbolista.

Descripción
En un área de 20 x 20 m jugamos 3vs3 (+2 jugadores neutrales), creando un 5vs3 con inferioridad del equipo defensor. Los jugadores juegan una posesión y el entrenador cuenta el número de pases que cada equipo puede realizar en 2 minutos. El equipo con más pases realizados gana el juego.

Jugamos 4/5 partidos de 2,5 minutos de duración. La atención debe centrarse en que el equipo defensor cierre líneas de pase y oriente la presión para ser capaz de robar el balón.

Variaciones
1. Incrementa la intensidad introduciendo la posibilidad de hacer gol tras un número de pases.
2. Se puede cambiar el número de jugadores en función del objetivo de la sesión.

Puntos a Destacar por el Entrenador
1. Asegura la movilidad de los jugadores que tienen la posesión de balón.
2. Asegura una alta intensidad en el ejercicio mediante la realización continua de la presión.

JUEGOS DE TRANSICIÓN

Ejercicio para Jugar por Dentro con Posición Específica y 4 Porterías

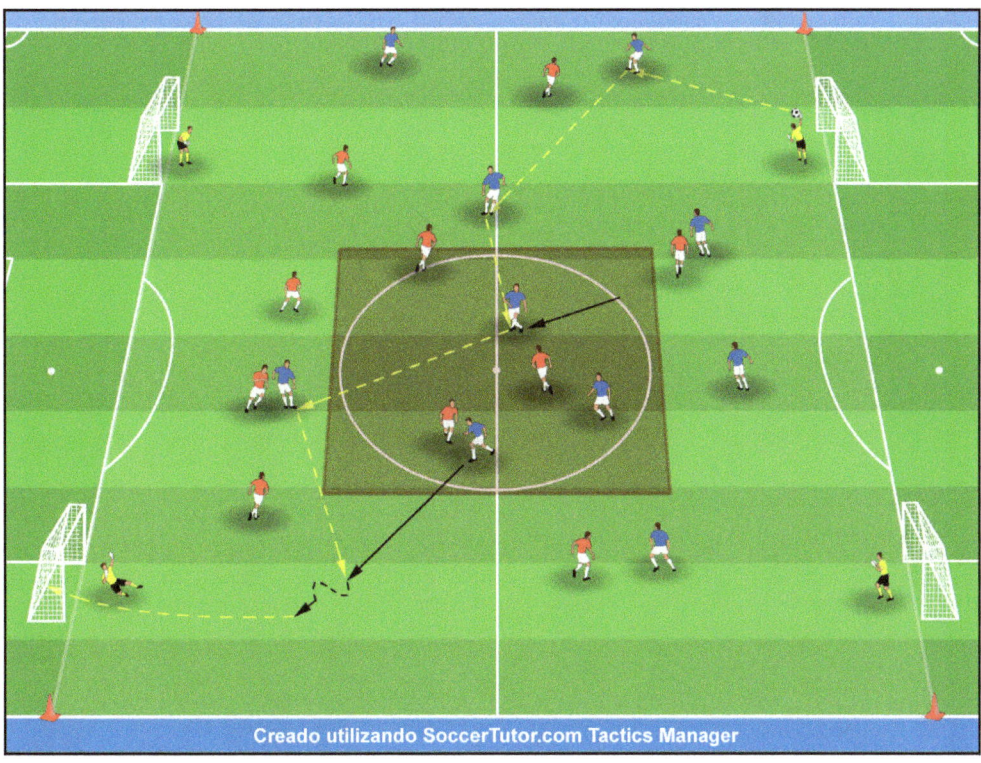

Objetivo: Jugamos un partido con posición específica y dirección de juego con el objetivo de jugar por la zona central del campo e incrementar el esfuerzo físico.

Descripción

Jugamos 10vs10 con 4 porterías y 4 porteros marcando una zona central como aparece en la imagen. Cada equipo ataca y defiende dos porterías, siendo posible modificar este aspecto y que un equipo defienda una portería central y ataque dos porterías laterales, dependiendo de los objetivos perseguidos. Los jugadores deben jugar en su posición. Para que un equipo pueda marcar, primero debe jugar a través de la zona central. Esto fomenta cambios rápidos de orientación en el juego, con el objetivo de mover a los adversarios de un lado a otro y crear/utilizar el espacio generado.

Puntos a Destacar por el Entrenador

1. Utiliza a los porteros para jugar (permitirá ventaja numérica sobre la presión de los atacantes). Hay que fomentar la paciencia en la realización del pase, buscando la opción más conveniente.
2. Asegura una alta intensidad en el ejercicio para replicar lo que ocurre en competición.
3. Busca verticalidad pasando por la zona central. Los jugadores deben caer entre líneas, ayudando los delanteros en la zona central para ayudar en la construcción del juego.
4. Acelera los movimientos en campo contrario – mueve al equipo contrario. Los extremos deben de combinar desmarques de ruptura con apariciones entre líneas.

JUEGOS DE TRANSICIÓN

Ejercicio de Alta Intensidad en un Juego Continuo de Posesión 3vs3

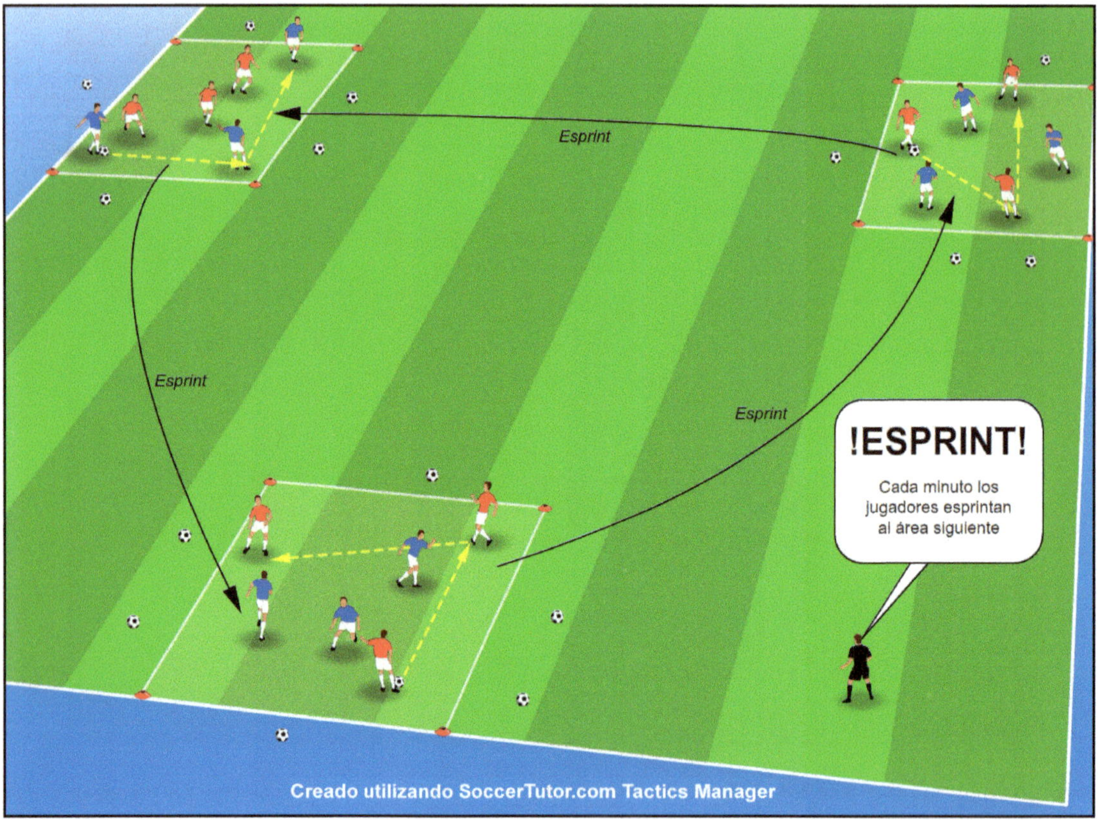

Objetivo
Desarrollar la capacidad aeróbica de los futbolistas.

Descripción
Empleamos 6 grupos de 3 jugadores y jugamos 3vs3 en cada una de las 3 áreas marcadas (pueden marcarse más si empleamos más jugadores). Asegúrate de que hay balones suficientes para no romper la dinámica del ejercicio.

Se juega en periodos de 5 minutos. Cada minuto el entrenador ordena un esprint del área en la que están jugando hacia la siguiente donde se continuará con el juego de posesión. Tras los primeros 5 minutos, los jugadores descansan entre 2,5 y 5 minutos. Pueden realizarse 3-6 repeticiones, aumentando el número de repeticiones conforme la capacidad de los futbolistas va incrementándose con los entrenamientos.

La medición de la frecuencia cardiaca de los jugadores puede darnos información sobre la intensidad de trabajo. En este ejercicio los jugadores efectúan trabajo de alta intensidad – aproximadamente 180 p.p.m. en torno al 90% de la frecuencia cardiaca máxima (**FCmax**). El entrenamiento a esta intensidad conlleva mejoras en el rendimiento aeróbico.

JUEGOS DE TRANSICIÓN

Ejercicio de Resistencia Aeróbica de Alta Intensidad en una Situación de Juego Reducido 5vs5

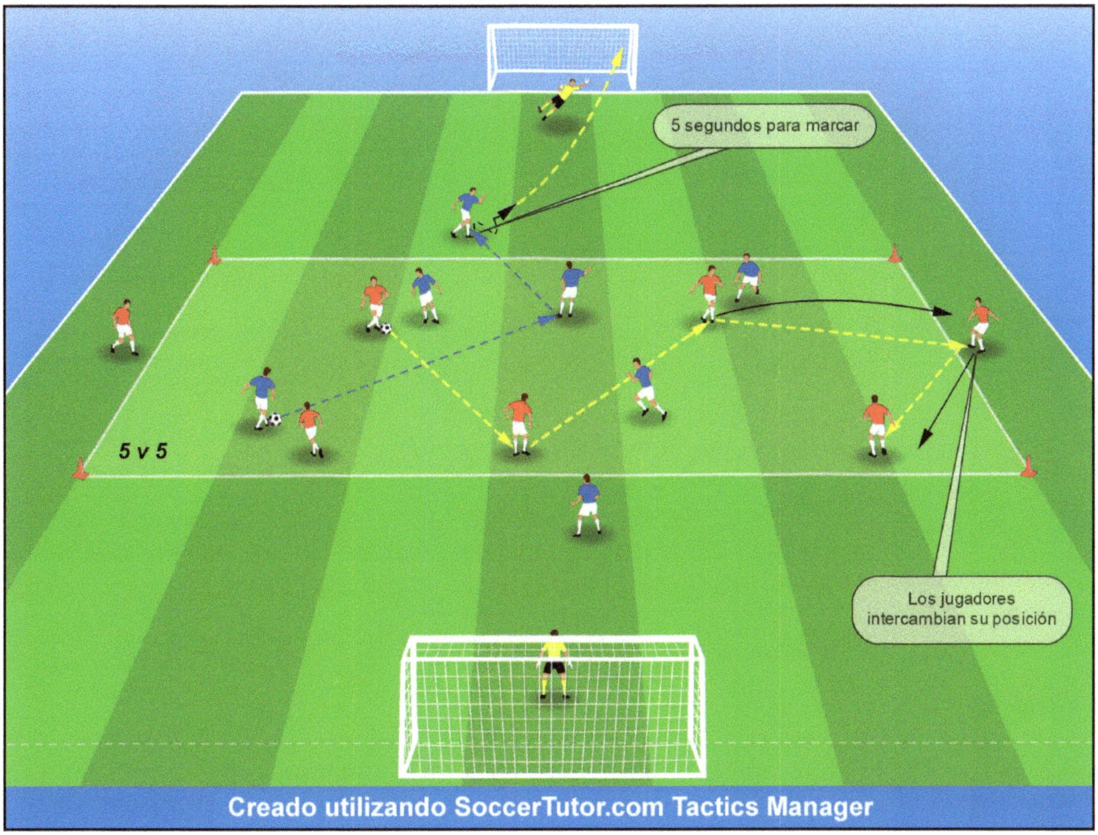

Objetivo: Desarrollar el rendimiento aeróbico de los futbolistas con un ejercicio específico de fútbol.

Descripción

Partimos de una situación 5vs5 en la zona central y jugamos con 2 balones. Un equipo (azul) intenta marcar jugando con cualquiera de sus dos delanteros situados fuera del área central, que deberán marcar antes de los 5 segundos posteriores al pase. El otro equipo (rojo) juega a llevar el balón de un lado a otro, intercambiando el jugador que ha dado el pase la posición del jugador de fuera.

Jugamos en intervalos de 5 minutos, con una recuperación de entre 2,5 y 5 minutos. Realiza 3-6 repeticiones. En este ejercicio los jugadores están trabajando a alta intensidad – aproximadamente 180 p.p.m. en torno al 90% de la frecuencia cardiaca máxima (**FCmax**). El entrenamiento a esta intensidad conlleva mejoras en el rendimiento aeróbico.

Puntos a Destacar por el Entrenador: Los aspectos técnicos clave son la movilidad de los jugadores, la correcta ejecución técnica y la adecuada coordinación entre pasador y receptor.

JUEGOS DE TRANSICIÓN

Ejercicio de Resistencia Aeróbica en un Juego de Transición 6vs6

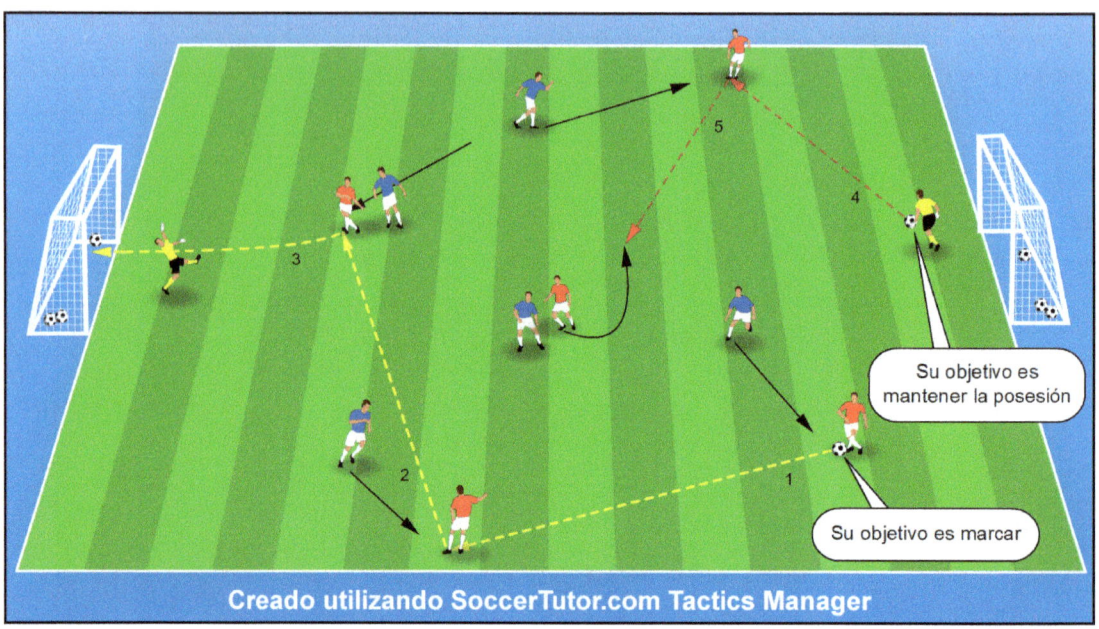

Objetivo

Juego de posesión con el objetivo de trabajar las transiciones.

Descripción

En un área de 35 x 25 m jugamos una posesión 6vs6 (30 minutos incluyendo tiempo de descanso). El objetivo para el equipo con balón (rojo) es marcar. Si marcan, su nuevo objetivo será mantener la posesión del balón el mayor tiempo posible. El equipo contrario (azul) presiona colectivamente e intenta recuperar el balón, si lo recuperan tienen los mismos objetivos, primero marcar y luego mantener la posesión del balón. Esta secuencia es continua.

Este ejercicio implica trabajo con balón, habiendo sido diseñado para incluir situaciones de juego que permitan al jugador incrementar y mantener una **FC** elevada para la mejora del rendimiento aeróbico (más del 85% de la frecuencia cardiaca máxima).

La duración total de este ejercicio debe ser de aproximadamente 30 minutos, pero debe haber tiempo para descansar entre varias series. Debido a su intensidad, la duración de cada serie no debe exceder los 10 minutos.

Variaciones

1. 8 Series de 4 minutos.
2. 5 Series de 6 minutos.
3. 4 Series de 8 minutos.
4. 3 Series de 10 minutos.

JUEGOS DE TRANSICIÓN

Puntos a Destacar por el Entrenador

1. Es necesario que los defensores apliquen una presión intensa.
2. El cambio de rol ataque-defensa y viceversa debe ser muy rápido.
3. Asegura la calidad del movimiento y que el campo se haga lo más grande posible para mantener la posesión.
4. Debe haber una elevada presencia de desmarques de apoyo para incrementar las posibilidades de mantener la posesión.
5. No hay que forzar el pase, pero hay que buscar permanentemente marcar cuando el equipo esté en disposición de hacerlo.

BIBLIOGRAFÍA

Capítulo 1: Entrenamiento y Fútbol

- Abrantes, C.I., Nunes, M.I., Maçãs, V.M., Leite, N.M., & Sampaio, J.E. (2012). Effects of the number of players and game type constraints on heart rate, rating of perceived exertion, and technical actions of small-sided football games. J Strength Cond Res, 26 (4): 976–981.

- Aguiar M., Botelho G., Lago C., Maças V., Sampaio J. (2012). A Review on the Effects of Football Small-Sided Games, 103-113.

- Arnason A., Sigurdsson SB., Gudmundsson A., Holme I., Engebretsen L., Bahr R. (2004). Physical fitness, injuries, and team performance in football. Med Sci Sports & Exercise, 36 (2): 278-285.

- Breil FA., Weber SN., Koller S., Hoppeler H., Vogt M. (2010). Block training periodization in alpine skiing: effects of 11-day HIT on VO2max and performance. Eur J Appl Physiol, 109 (6): 1077-1086.

- Buchheit M., Al Haddad H., Millet GP., Lepretre PM., Newton M., Ahmaidi S. (2009). Cardiorespiratory and Cardiac Autonomic Responses to 30-15 Intermittent Fitness Test in Team Sport Players. J Strength Cond Res, 23 (1): 93-100.

- Casamichana D., Castellano J. (2010). Time–motion, heart rate, perceptual and motor behaviour demands in small-sides football games: Effects of pitch size. J Sports Sci, 28 (14): 1615-1623.

- Chagovets NR. (1956). Biochemical changes in the muscles during rest after physical effort. Ukr Bioch Journ, 29: 450-457.

- Coutts AJ., Rampinini E., Marcora SM., Castagna C., Impellizzeri FM. (2009). Heart rate and blood lactate correlates of perceived exertion during small-sided football games. J Sci Med Sport, 12 (1) :79-84.

- Dellal, A., Chamari K., Owen A., Wong DP., Lago-Penas C., Hill-Haas S. (2011). Influence of the technical instructions on the physiological and physical demands within small-sided football games. Eur J Sport Sci, 11: 341–346.

- Dellal A., Diniz da Silva C., Hill-Haas S., Wong DP., Natali AJ., De Lima J., Bara Filho M., Marins J., Garcia ES., Chamari K. (2012). Heart Rate Monitoring in Football: Interest and Limits During Competitive Match Play and Training, Practical Application. J Strength Con Res 26 (10): 2890-2906.

- Dellal A., Wong DP. (2013). Repeated sprint and change-of-direction abilities in football players: effects of age group. J Strength Cond Res, 27 (9): 2504-2508.

- Fanchini M., Azzalin A., Castagna C., Schena F., McCall A., Impellizzeri FM. (2011). Effect of bout duration on exercise intensity and technical performance of small-sided games in football. J Strength Cond Res, 25: 453-458.

- Gabbett TJ., Mulvey MJ. (2008). Time-motion analysis of small-sided training games and competition in elite women football players. J Strength Con Res, 22: 543-552.

- Harre D. (1983). Principles of Sports Training. Berlin: Sportverlag, Germany.

- Hill-Haas SV., Coutts AJ., Rowsell GJ., Dawson BT. (2009). Generic versus small-sided game training in football. Int J Sports Med, 30 (9): 636-642.

- Hill-Haas SV., Dawson B., Impellizzeri FM., Coutts AJ. (2011). Physiology of small-sided games training in football: A systematic review. Sports Med, 41: 199–220.

- Hoff J., Helgerud J. (2004). Endurance and strength training for football players. Physiological considerations. Sports Med, 34: 165–80.

- Issurin VB. (2010). New horizons for the methodology and physiology of training periodization. Sports Med, 40 (3): 189-206.

- Issurin V., Kaverin V. (1985). Planirovainia i Postroenie Godovogo Cikla Podgotovki Grebcov. Moscow: Grebnoj port.

- Jan van Winckel. Fitness in football – the science

- Jones S., Drust B. (2007). Physiological and technical demands of 4 vs. 4 and 8 vs. 8 in elite youth football players. Kinesiol, 39:150-156.

- Kelly DM., Drust B. (2009). The effect of pitch dimensions on heart rate responses and technical demands of small-sided football games in elite players. J Sci Med Sport; 12: 475-479.

- Köklü Y., Ersöz G., Alemdaroglu U., Asç A., Özkan A. (2012). Physiological Responses and Time-Motion Characteristics of 4-A-Side Small-Sided Game in Young Football Players: The Influence of Different Team Formation Methods. J Strength Cond Res, 26 (11): 3118-3123.

- Le Meur Y., Hausswirth & Mujika (2012). Tapering for competition: A review, Science & Sport.

- Mallo J. (2012). Effect of block periodization on physical fitness during a competitive football season. Int J Perf Analy Sport,12 (1): 64-74

- Mallo J., Navarro E. (2008). Physical load imposed on football players during small-sided training games. J Sports Med Phys Fitness, 48: 166-171

- Matveyev L. (1981). Fundamentals of Sports Training.
Moscow: Fizkultura i Sport, 1977; Moscow: Progress, 1981 [translated by A.P. Zdornykh]; pp. 245-259).
- Matveyev, 1964 - Periodization
- Owen A., Wong DP., McKenna M., Dellal A. (2011). Heart rate response and technical comparison between small- vs. large-sided games in elite professional football. J Strength Con Res, 25 (8): 2104-2110.
- Owen A., Wong D., Dellal A. (2012). Effects of a periodized small-sided game training intervention on physical performance in elite professional football. J Strength Con Res, 26 (10): 2748–2754.
- Platonov V. (1997). The general of the theory of preparation of sportsmen in Olympic sport.
- Olympic literature, Kyiv (in Russian).
- Rampinini E., Impellizzeri FM., Castanga C., Abt G., Chamari K., Sassi A., Marcora SM. (2007). Factors influencing physiological responses to small-sided football games. J Sports Sci, 25: 659–666.
- Reilly, T. (2005). An ergonomics model of the football training process. J Sports Sci, 23 (6): 561-572.
- Saltin B., Essen B. (1971). Muscle glycogen, lactate, ATP, and CP in intermittent exercise. In Muscle metabolism during exercise, pages 419-424. Springer US.
- Terjung RL., Baldwin KM., Winder WW., Holloszy JO. (1974). Glycogen repletion in different types of muscle and in liver after exhausting exercise. Am J Physiol, 226: 1387–1391.
- Yakovlev NN. (1955). Survey on sport biochemistry [in Russian]. Moscow: FiS Publisher.
- Zimkin 1961 – Periodization.
- Zheliazkov, 1981 - Periodization.

Capítulo 2: Situaciones de Juego Reducido

- Abrantes, C.I., Nunes, M.I., Maças, V.M., Leite, N.M., & Sampaio, J.E. (2012). Effects of the number of players and game type constraints on heart rate, rating of perceived exertion, and technical actions of small-sided soccer games. J Strength Cond Res, 26 (4): 976–981.
- Aguiar M., Botelho G., Lago C., Maças V., Sampaio J. (2012). A Review on the Effects of Soccer Small-Sided Games, 103-113.
- Arnason A., Sigurdsson SB., Gudmundsson A., Holme I., Engebretsen L., Bahr R. (2004). Physical fitness, injuries, and team performance in soccer. Med Sci Sports & Exercise, 36 (2): 278-285.
- Barros RML., Misuta MS., Menezes RP. (2007). Analysis of the distances covered by first division Brazilian soccer players obtained with an automatic tracking method. J Sports Sci Med, 6 (2): 233-42.
- Bloomfield, J., Ploman, R., O'Donoghue, P. (2007). Physical Demands of Different Positions in FA Premier League Soccer. Sport Sci Med, Mar 1; 6 (1): 63-70.
- Breil FA., Weber SN., Koller S., Hoppeler H., Vogt M. (2010). Block training periodization in alpine skiing: effects of 11-day HIT on VO2max and performance. Eur J Appl Physiol, 109 (6): 1077-1086.
- Brito, J., Hertzog, M., & Nassis G.P. (2015). Do match-related contextual variables influence training load in highly trained soccer players?
- Bradley PS, Sheldon W, Wooster B, Olsen, P., Boanas, P., & Krustrup, P. (2009) High-intensity running in English FA Premier League soccer matches. J Sports Sci, 27: 159–168.
- Bradley, P.S., Carling, C., Archer, D., Roberts, J., Dodds, A., Di Mascio, M., Paul, D., Gomez Diaz, A., Peart, D., Krustrup, P. (2011). The effect of playing formation on high-intensity running and technical profiles in English FA Premier League soccer matches. J Sports Sci 2011 ; 9 : 821 – 830.
- Buchheit M., Al Haddad H., Millet GP., Lepretre PM., Newton M., Ahmaidi S. (2009). Cardiorespiratory and Cardiac Autonomic Responses to 30-15 Intermittent Fitness Test in Team Sport Players. J Strength Cond Res, 23(1):93-100.
- Buchheit, M., Allen, A., Poon, T.K., Modonutti, M., Gregson, W., & Di Salvo, V. (2014). Integrating different tracking systems in football: multiple camera semi-automatic system, local position measurement and GPS technologies. J Sports Sci, 32, 1844-1857.
- Carling, C., Bloomfield, J., Nelsen, L., Reilly, T. (2008). The role of motion analysis in elite soccer contemporary performance measurement techniques and work rate data . Sports Med, 38: 839 – 862.
- Casamichana D., Castellano J. (2010). Time–motion, heart rate, perceptual and motor behaviour demands in small-sides soccer games: Effects of pitch size. J Sports Sci, 28 (14): 1615-1623.
- Chagovets NR. (1956). Biochemical changes in the muscles during rest after physical effort. Ukr Bioch Journ, 29: 450-457.
- Coutts AJ., Rampinini E., Marcora SM., Castagna C., Impellizzeri FM. (2009). Heart rate and blood lactate correlates of perceived exertion during small-sided soccer games. J Sci Med Sport, 12 (1): 79-84.
- Coutts, A. J., Chamari, K., Impellizzeri, F. M., & Rampinini, E. (2008). Monitoring Training in Soccer: Measuring and Periodising Training. In D. Alexandre (Ed.), De l'entraînement à la performance en football (pp. 242–258). Bruxelles: de Boeck.
- Dawson B. (1996). Periodisation of speed and endurance training. In P. R. J. Reaburn & D. G. Jenkins (Eds.), Training for Speed and Endurance (pp. 76-96). Sydney: Allen & Unwin.
- Dellal, A., Wong, D. P., Moalla, W., & Chamari, K. (2010). Physical and technical activity of soccer players in the French First League-with special reference to their playing position. Int J Sports Med; 11: 278–290.
- Dellal, A., Chamari K., Owen A., Wong DP., Lago-Penas C., Hill-Haas S. (2011). Influence of the technical instructions on the physiological and physical demands within small-sided soccer games. Eur J Sport Sci, 11: 341–346.
- Dellal A., Diniz da Silva C., Hill-Haas S., Wong DP., Natali AJ., De Lima J., Bara Filho M., Marins J., Garcia ES., Chamari K. (2012). Heart Rate Monitoring in Soccer: Interest and Limits During Competitive Match Play and Training, Practical Application. J Strength Con Res 26 (10): 2890-2906.
- Dellal A., Wong DP. (2013). Repeated sprint and change-of-direction abilities in soccer players: effects of age group. J Strength Cond Res, 27 (9): 2504-2508.
- Di Mascio, M., & Bradley, P.S.(2012) Evaluation of the most intense high-intensity running period in English FA premier league soccer matches. J Strength Cond Res. Apr; 27(4):909-15 Di Salvo, V., Collins, A., McNeill, B., Cardinale, M. (2006). Validation of Prozone: A new video-based performance analysis system. Int J Perf Anal Sport. 6: 108 – 109.
- Di Salvo. W., Pigozzi, F., González-Haro, C., Laughlin, M.S., De Witt, J.K. (2013) Match Performance Comparison in Top English Soccer Leagues. Int J Sports Med; 34: 526–532.
- Eirale, C., Tol, J.L., Farooq, A., Farooq, A., Smiley, F., & Chalabi, H. (2013). Low injury rate correlates with team success in Qatari professional football. Br J Sports Med, 47: 807–8.

- Fanchini M., Azzalin A., Castagna C., Schena F., McCall A., Impellizzeri FM. (2011). Effect of bout duration on exercise intensity and technical performance of small-sided games in soccer. J Strength Cond Res, 25: 453-458.
- Foster, C. (1998). Monitoring training in athletes with reference to overtraining syndrome. Medicine and Science in Sports and Exercise, 30: 1164-1168.
- Foster, C, Florhaug, JA, Franklin, J, Gottschall, L, Hrovatin, LA, Parker, S, Doleshal, P, and Dodge, C. (2001). A new approach to monitoring exercise training.J Strength Cond Res15: 109–115.
- Gabbett TJ., Mulvey MJ. (2008). Time-motion analysis of small-sided training games and competition in elite women soccer players. J Strength Con Res, 22: 543-552.
- Gamble P. (2006). Periodization of training for team sports athletes. Strength Cond J, 28 (5): 56-66.
- Harre D. (1983). Principles of Sports Training. Berlin: Sportverlag, Germany.
- Hill-Haas SV., Coutts AJ., Rowsell GJ., Dawson BT. (2009). Generic versus small-sided game training in soccer. Int J Sports Med, 30 (9): 636-642.
- Hill-Haas SV., Dawson B., Impellizzeri FM., Coutts AJ. (2011). Physiology of small-sided games training in football: A systematic review. Sports Med, 41: 199–220.
- Hoff J., Helgerud J. (2004). Endurance and strength training for soccer players. Physiological considerations. Sports Med, 34: 165–80.
- Impellizzeri, F.M., Marcora, S.M., Castagna, C., Reilly, T., Sassi, A., Iaia, F.M., and Rampinini, E. Physiological and performance effects of generic versus specific aerobic training in soccer players. Int J Sports Med. 27 (6): 483-92. 2006.
- Impellizzeri, F. M., Rampinini, E., Coutts, A. J., Sassi, A., & Marcora, S. M. (2004). Use of RPE-based training load in soccer. Med Sci Sports Exerc, 36,1042–1047.
- Issurin V. (2010). New horizons for the methodology and physiology of training periodization. Sports Med, 40 (3): 189-206.
- Issurin V., Kaverin V. (1985). Planirovainia i Postroenie Godovogo Cikla Podgotovki Grebcov. Moscow: Grebnoj port.
- Van Winckel, J., Tenney, D., Helsen, W., McMillan, K., Meert, J.P., Bradley, P. (2014). Fitness in Soccer: The science and practical application, Moveo Ergo Sum / Leuven.
- Jennings, D., Cormack, S., Coutts, A. J., Boyd, L., & Aughey, R. J. (2010). The validity and reliability of GPS units for measuring distance in team sport specific running patterns. Int J Sports Physiol Perform, 5, 328-341.
- Jeong, T.S., Reilly, T., Morton, J., Bae, S.W., & Drust, B. (2011).Quantification of the physiological loading of one week of "pre-season" and one week of "in-season" training in professional soccer players. J Sports Sci, 29 (11): 1161-1166.
- Jones S., Drust B. (2007). Physiological and technical demands of 4 vs. 4 and 8 vs. 8 in elite youth soccer players. Kinesiol, 39: 150-156.
- Kelly DM., Drust B. (2009). The effect of pitch dimensions on heart rate responses and technical demands of small-sided soccer games in elite players. J Sci Med Sport; 12: 475-479.
- Kelly VG., Coutts AJ. (2007). Planning and monitoring training loads during the competition phase in team sports. Strength Cond J, 29 (4): 32-37.
- Köklü Y., Ersöz G., Alemdaroglu U., Asç A., Özkan A. (2012). Physiological Responses and Time-Motion Characteristics of 4-A-Side Small-Sided Game in Young Soccer Players: The Influence of Different Team Formation Methods. J Strength Cond Res, 26 (11): 3118-3123.
- Lago, C. (2009) The influence of match location, quality of opposition, and match status on possession strategies in professional association football . J Sports Sci ; 27: 1463–1469.
- Le Meur Y., Hausswirth & Mujika (2012). Tapering for competition: A review, Science & Sport.
- MacLeod H, Morris J, Nevill A, Sunderland C. (2009) The validity of a non-differential global positioning system for assessing player movement patterns in field hockey. J Sports Sci.27: 121–128.
- Mallo, J., Dellal, A. (2013). Injury risk in professional football players with special reference to the playing position and training periodization. Inj Prev. 2014 Aug; 20(4):e8. doi: 10.1136/injuryprev-2013-041092. Epub 2013 Dec 13.
- Mallo J. (2012). Effect of block periodization on physical fitness during a competitive soccer season. Int J Perf Analy Sport, 12 (1): 64-74.
- Mallo J., Navarro E. (2008). Physical load imposed on soccer players during small-sided training games. J Sports Med Phys Fitness, 48: 166-171.
- Malone, J., Di Michele, R., Morgans, R., Burgess, D., Morton, J.P., & Drust, B. (2015). Seasonal training load quantification in elite English Premier League soccer players. Int J Sports Physiol Perform, 10,489-497.

- Matveyev L. (1981). Fundamentals of Sports Training. Moscow: Fizkultura i Sport, 1977; Moscow: Progress, 1981 [translated by A.P. Zdornykh]; pp. 245-259).
- Matveyev, L.P. (1964). Problem of periodization the sport training. [In Russian.] Moscow: FiS Publisher.
- McMillan. K., Helgerud. J., Grant, S.J., Newell, J., Wilson, J., Macdonald, R., & Hoff, J. (2005) Lactate threshold responses to a season of professional British youth soccer. Br J Sports Med, 39: 432-436.
- Mohr, M., Krustrup, P., & Bangsbo, J. (2003) Match performance of high standard soccer players with special reference to development of fatigue. J Sports Sci; 21: 519-528.
- Osgnach, C., Poser, S., Bernardini, R., Rinaldo, R., Di Prampero, P.E. (2010) Energy cost and metabolic power in elite soccer: a new match analysis approach. Med Sci Sports Exerc; 42: 170–178
- Owen A., Wong DP., McKenna M., Dellal A. (2011). Heart rate response and technical comparison between small- vs. large-sided games in elite professional soccer. J Strength Con Res, 25 (8): 2104-2110.
- Owen, A, Wong, D.P., Paul, D., Dellal, A. (2012). Effects of a periodized small-sided game training intervention on physical performance in elite professional soccer. J Strength Cond Res. Oct; 26 (10): 2748-54.
- Owen, A., Wong, D.P., Dellal, A., Paul, D.J., Orhant, E., Collie, S. (2013). Effect of an injury prevention program on muscle injuries in elite professional soccer. J Strength Cond Res. Dec; 27 (12): 3275-85.
- Owen, A., Wong, D.P., Paul, D., Dellal, A. (2014). Physical and technical comparisons between various-sided games within professional soccer. Int J Sports Med, Apr; 35 (4): 286-92
- Platonov V. (1997). The general of the theory of preparation of sportsmen in Olympic sport.
  Olympic literature, Kyiv (in Russian).
- Rampinini, E., Coutts, A.J., Castagna, C., Sassi, R., & Impellizzeri F.M. (2007) Variation in top level soccer match performance. Int J Sports Med, 28: 1018-1024.
- Rampinini E., Impellizzeri FM., Castanga C., Abt G., Chamari K., Sassi A., Marcora SM. (2007). Factors influencing physiological responses to small-sided soccer games. J Sports Sci, 25:659–666.
- Randers MB., Mujika I., Hewitt A., Santisteban J., Bischoff R., Solano R. (2010). Application of four different football match analysis systems: A comparative study. J Sport Sci, 28: 171–182.
- Reilly, T. (2005). An ergonomics model of the soccer training process. J Sports Sci, 23 (6): 561-572.
- Reilly T. The training process. In: Reilly T, ed. The Science of Training—Soccer: A Scientific Approach to Developing Strength, Speed and Endurance. London: Routledge; 2007:1–19.
- Rodríguez-Marroyo, J.A., & Antoñan C. (2015). Validity of the Session Rating of Perceived Exertion for Monitoring Exercise Demands in Youth Soccer Players. Int J Sports Physiol Perform, 10,404-407.
- Saltin B., Essen B. (1971). Muscle glycogen, lactate, ATP, and CP in intermittent exercise. In Muscle metabolism during exercise, p419-424. Springer US.
- Scott, B.R., Lockie, R.G., Knight, T.J., Clark, A.C., de Jonge, J. (2012). A comparison of methods to quantify the in-season training load of professional soccer players. J Sports Med Phys Fitness. Dec; 52 (6): 631-8.
- Strudwick T., Reilly T. (2001). Work-rate profiles of elite Premier League football players. Insight, 2 (2): 28-29.
- Terjung RL., Baldwin KM., Winder WW., Holloszy JO. (1974). Glycogen repletion in different types of muscle and in liver after exhausting exercise. Am J Physiol, 226: 1387–1391.
- Vigne, G., Dellal, A., Gaudino, C., Chamari, K., Rogowski, I., Alloatti, G., Wong, P.D., Owen, A., Hautier, C. (2013). Physical outcome in a successful Italian Serie A soccer team over three consecutive seasons. J Strength Cond Res. May; 27 (5): 1400-6.
- Yakovlev NN. (1955). Survey on sport biochemistry [in Russian]. Moscow: FiS Publisher.

PRUEBA GRATUITA

Especialistas en el Entrenamiento del Fútbol desde 2001

TACTICS MANAGER
Disponible en español

www.SoccerTutor.com/TacticsManager
info@soccertutor.com

 PC   Mac   iPad   Tablet   Web

Especialistas en el Entrenamiento del Fútbol desde 2001

Disponible en formato a color y eBook!
PC | Mac | iPhone | iPad | Android Phone/Tablet | Kobo | Kindle Fire

FREE COACH VIEWER APP

www.SoccerTutor.com
info@soccertutor.com

www.ingramcontent.com/pod-product-compliance
Lightning Source LLC
Chambersburg PA
CBHW061209230426
43665CB00028B/2959